CB020564

O Vôo de Sexta-Feira

Martin W. Brock

O Vôo de Sexta-Feira

TRADUÇÃO DE
Gabriela Freudenreich

EDITORA RECORD
RIO DE JANEIRO • SÃO PAULO

2008

CIP-Brasil. Catalogação-na-fonte
Sindicato Nacional dos Editores de Livros, RJ.

Brock, Martin

B881v   O vôo de sexta-feira / Martin Brock; tradução Gabriela
Freudenreich. – Rio de Janeiro: Record, 2008.

Tradução de: Freitagsflug
ISBN 978-85-01-07773-8

1. Ficção alemã. I. Freudenreich, Gabriela. II. Título.

CDD – 833

07-3820   CDU – 821.112.2-3

Título original alemão:
FREITAGSFLUG

Copyright © by Schardt Verlag

Composição de miolo: Glenda Rubinstein
Ilustrações de capa e miolo: Mozart Couto

Direitos exclusivos de publicação em língua portuguesa somente para o
Brasil adquiridos pela
EDITORA RECORD LTDA.
Rua Argentina 171 – Rio de Janeiro, RJ – 20921-380 – Tel.: 2585-2000
que se reserva a propriedade literária desta tradução

Impresso no Brasil

ISBN 978-85-01-07773-8

PEDIDOS PELO REEMBOLSO POSTAL
Caixa Postal 23.052
Rio de Janeiro, RJ – 20922-970

Prólogo

As casas da cidade tinham perdido o calor do verão havia muito tempo. Um vento frio soprava pelas ruas as folhas das poucas árvores cujo verde tentava impor-se arduamente às tristes cores dos prédios de escritórios. O segurança na entrada levantara a gola do sobretudo, mal cumprimentava os poucos policiais que ainda passavam por ele a essa hora. A maioria já deixara o gigantesco quartel-general da polícia de Munique, cuja fachada cinza-esverdeada apresentava evidentes sinais de degradação. Havia luz apenas na sala de plantão no primeiro andar.

Dois homens saíram do prédio, empenhados num diálogo intenso. O mais novo, o procurador-geral da República Hübner, cujo nó de gravata estava bastante aberto, parecia mais um contador com os óculos largos de armação preta e o cabelo escorrido na testa. Carregava uma pasta que parecia cheia de documentos, pois era evidente o seu esforço em manter o corpo em equilíbrio. Entretanto isso não o impedia de tentar persuadir o seu acompanhante, no mínimo 15 anos mais velho do que ele, gesticulando muito com a mão livre.

– Eu simplesmente não consigo entender por que o senhor e o seu superior esperaram tanto para nos contatar. Não é possível que não tenham percebido antes que havia algo errado. E agora o senhor está tentando me dizer que tem suas dúvidas sobre se fizemos tudo certo! – O tom de voz aumentou. – Sinto muito, mas isso passa dos meus limites. Esse homem deveria ter causado ainda mais danos?

Pararam num degrau mais largo. O procurador-geral lançou um olhar penetrante ao interlocutor, o delegado Tomer. Como coordenador da delegacia de combate ao crime organizado, estava acostumado a muitas coisas, mas os acontecimentos dos últimos dias iam muito além.

Pensativo, respondeu acenando levemente a cabeça.

– Concordo, Sr. procurador-geral. Não se trata das minhas dúvidas.

– Trata-se de que então, Sr. Tomer? – Os olhos furiosos do procurador-geral saltaram-lhe das órbitas, e ele prosseguiu com a voz cortante: – Será que o senhor esqueceu qual é a pena para quebra de sigilo profissional?

Tomer permaneceu calado.

– O senhor esqueceu? – exaltou-se Hübner. – Até cinco anos, cinco longos anos! Só posso lhe dizer que estou muito contente de termos encerrado a ação com tanto sucesso.

– Naturalmente, também estou – respondeu Tomer, procurando acalmá-lo.

O procurador-geral parecia não ter ouvido, seus gestos tornavam-se cada vez mais intensos.

– E só me resta alertar o senhor e sua equipe. Se eu perceber que estão tentando encobrir o caso e me deixarem a ver navios, vocês verão do que sou capaz. O fato de o juiz não ter cooperado da forma como eu desejava não representa problema algum para mim, isso não quer dizer nada. Vou colocar o seu homem atrás das grades, o senhor pode ter certeza disso.

– Está insinuando que eu e minha equipe estamos escondendo alguma coisa?

Tomer ficou visivelmente irritado, olhou para o procurador-geral com olhos furiosos. Este apontou o dedo indicador na direção do seu peito e deu um passo à frente.

– Acalme-se! Sabe o que realmente importa? Que afastamos esse judas. Pessoas que revelam as nossas operações não podem ser toleradas nem com o senhor nem conosco. Quem sabe chegamos a tempo de evitar que ele causasse outras desgraças.

Haviam alcançado a entrada da garagem, a iluminação da rua os mergulhava numa luz fria, as rajadas de vento sopravam-lhes o cabelo. O delegado Tomer apoiou as mãos nos quadris e balançou a cabeça.

– Só não consigo entender como um policial pode ser tão idiota. Claro que já tinha ouvido falar em casos parecidos em outras repartições. Mas quando se trata de alguém da sua própria equipe... – Ele balançou a cabeça. – E justamente alguém de quem eu jamais esperaria uma coisa dessas.

A mímica do procurador-geral não demonstrava nenhum sinal de compreensão nem mitigava a expressão agressiva do rosto.

– Para o senhor é mais fácil, não tem contato com a minha equipe. Mas eu estou com eles todos os dias, pensava conhecer minha própria delegacia.

O outro sacudiu os ombros.

– Por favor, será que preciso lhe dizer quantas vezes os acontecimentos nos surpreendem em nosso trabalho? – Olhou para o delegado com ar interrogativo. – Realmente não consigo imaginar uma coisa dessas, afinal o senhor já está nesse ramo há muito tempo. Mas talvez precise ser um pouco mais duro, nenhum de nós escapa disso. – Esperava uma resposta, mas Tomer permaneceu calado. – Bom, para mim agora chega, seja sensato e deixe estar por hoje, foi um longo dia. Vamos para casa, amanhã de manhã o trabalho continua.

Apertaram-se as mãos em silêncio, e o procurador-geral entrou no seu carro oficial, um Audi vermelho com aros de aço enferrujados estacionado em frente ao quartel-general. Perdido em seus pensamentos, Frank Tomer ainda o seguiu com o olhar até o carro passar pela filial do Deutsche Bank, para em seguida sumir de vista na Ettstraße. Sentiu a raiva subir por dentro. Não, não gostava deles. Eles queriam resultados rápidos, essa nova geração de procuradores-gerais, rápidos e espetaculares, de preferência com uma bela manchete na imprensa, e queriam estar sempre em primeiro lugar, ditar as regras, não deixavam dúvidas quanto a isso. Substituíam a falta de experiência por arrogância, o tom passara a ser mais duro, inclusive com ele. A quem ainda interessava quantos anos ele já tinha deixado para trás, quantos anos estava além dessa nova geração de juristas?

O relógio da catedral mais próxima bateu dez horas. Começou a garoar levemente. As poucas pessoas que ainda estavam na rua passavam correndo por ele com suas sacolas de compras ou bolsas, saindo dos escritórios ou das lojas para casa.

– Quer que eu chame um táxi? – perguntou o segurança, a quem a indecisão de Tomer parecia ter chamado a atenção.

– Obrigado, colega, mas não vou me dar esse luxo hoje.

O dia exigira tudo dele. Se pudesse, não se mexeria mais, queria apenas ceder ao peso do próprio corpo. Os músculos demoraram a relaxar. Não imaginara que seria tão difícil para ele. A chuva aumentou, ele abriu o guarda-chuva. Estava na hora de ir para o metrô.

Capítulo 1

Ricardo Bauer presenciara tudo, vira tudo com os seus próprios olhos, ouvira as vozes agitadas, e ainda assim não conseguia acreditar, não conseguia compreender. O dia começara como tantos outros em seus 23 anos de serviço, o toque do despertador às 6h15, segundo o seu relógio interno no mínimo duas horas cedo demais, uma luta desesperada contra o cansaço até a primeira xícara de café no escritório, reunião matinal com os colegas, tudo normal, como sempre.

Mas então eles chegaram, como uma gangue, aos escritórios da sua repartição, os funcionários do departamento de investigação criminal, mesa por mesa, armário por armário e pasta por pasta, examinaram tudo como numa mesa de dissecação. Três policiais ficaram no escritório que ele dividia com Kroll. As lâmpadas de néon emanavam uma luz fria sobre os móveis cinza, do lado de fora o dia estava raiando, envolto em uma neblina resistente.

– Esta é a sua mesa, Sr. Bauer? – perguntara-lhe com uma voz penetrante o policial corpulento, cuja camisa, após alguns minutos, colava em seu corpo como um pano úmido e cuja testa estava coberta de gotas de suor.

– Sim... sim, é a minha mesa – respondera ele, automaticamente, sem compreender o que estava acontecendo.

As fotos de uma antiga excursão da empresa, quando haviam caminhado sob forte chuva até uma cabana nas montanhas, velhas folhinhas com marcações de férias, fotos de buscas policiais, bilhetes com anotações de nomes e números de telefone, cartões de visita de intérpretes, advogados, alugadores de carro, uma barra de chocolate aberta, tudo isso o policial arrumara sobre a mesa, pegando cada item com as mãos suadas, tudo com um olhar de que cada item fazia sentido para ele, como as pedras de um mosaico. Ao chegar à gaveta inferior, puxara um documento da montanha de papéis.

– Mas o que é isto?

Os olhares de todos os outros voltaram-se para o homem e o pedaço de papel que ele erguia, azul-claro com uma letra de computador preta, do tamanho de um envelope de carta. Contudo ele parecia ainda não estar satisfeito, continuara remexendo a escrivaninha; depois do primeiro documento ainda encontrara um segundo, da mesma cor, a mesma letra. Sorrindo alegremente e com ar de superioridade, erguera este último também e o balançara no ar para que todos pudessem vê-lo.

– Mas vejam só – comentara o segundo, um quarentão esguio, ao pegar o documento. Os seus olhares, de triunfo e desprezo, encontraram-se nele, cuja escrivaninha estava sendo dissecada gaveta por gaveta, e que continuava sem saber o que estava acontecendo. Não conseguia ler os documentos, pareciam extratos de banco, mas que conta, de quem, em que banco? Não se recordava de tê-los visto alguma vez.

Mas aparentemente haviam encontrado o que estavam procurando – provas –, mas a esta altura ele não sabia de quê. Quisera fazer perguntas, entender o que estava acontecendo. Não conseguia mais organizar os pensamentos na cabeça, eles surgiam e desapareciam rápido demais. Como estes documentos foram parar na sua escrivaninha, quem os colocara lá, quando, para quê?

Isso já fazia mais de dez horas. Neste ínterim, já sabia mais. As provas separavam o ontem do hoje, impiedosamente, irrevogavelmente, como um rio sem ponte, evidente, aparentemente sem deixar dúvidas, criadas para destruir, para destruí-lo. De certa forma, tudo que acontecera hoje era incompreensível, sua razão recusava-se a registrar, a compreender, a lidar com isso, mas de fato acontecera, hoje, poucas horas antes.

Marion, sua esposa, com quem estava casado havia três anos e que finalmente estava grávida do filho que ela tanto desejara, dormia ao seu lado. Uma luz fraca vinda da rua atravessava as cortinas e batia na cama. Seus longos cabelos escuros emolduravam-lhe o rosto delicado, ela parecia totalmente relaxada, irradiava uma grande serenidade. Seus lábios, cujo toque ele desejava agora, estavam levemente entreabertos, como se ela quisesse dizer-lhe alguma coisa – acalme-se, durma agora, afaste-se dos seus pensamentos. O cobertor contornava o seu corpo em ondas suaves, os seios firmes, a barriga que ainda revelava pouco da gravidez. Ele a invejava por esta tranqüilidade, desejava que ela também o alcançasse. Em algum lugar do prédio chorava uma criança. Sentiu-se tomado pelo medo, pelo medo e pelo ódio, sentiu o coração batendo na garganta, a camiseta suada, ele queria levantar-se, fazer alguma coisa, menos ficar deitado, menos pensar em tudo que ainda iria acontecer, no que estava por vir. Seu batimento cardíaco ditou-lhe o ritmo, seus pensamentos tornaram-se cada vez mais rápidos, cada vez mais ameaçadores. O dia o deixara totalmente perturbado. O que ontem ainda era seguro hoje não valia mais.

Há oito anos trabalhava na delegacia de combate ao crime organizado. Rapidamente se familiarizara com o trabalho, a atividade o interessava. Tinham muitos afazeres, os casos eram variados, e após a próxima avaliação seria nomeado substituto do chefe. Também se sentia bem no seu casamento com Marion, agora mais do que nunca. Haviam atravessado tempos difíceis, marcados pelo forte desejo de Marion por um filho, do seu medo de não conseguir engravidar, de lentamente estar passando da idade para uma gestação, com seus 35 anos. Tiveram longas conversas a respeito. Ambos amavam suas profissões, que requeriam bastante tempo. Isso seria conciliável com um filho. Mas também poderiam ser felizes sem um filho, a longo prazo, inclusive quando estivessem velhos, quando já não restaria mais nada? Conversaram longamente, muitas vezes até tarde da noite. Ele ficara preocupado até há pouco, mas quanto mais conversava com ela, mais compreendia a dimensão do seu desejo de ter um filho. Esse período custara-lhes muita força; ambos sentiam que não se tratava apenas do filho, mas também da sua relação, da base para o futuro, um objetivo em comum. Isso ficara para trás, e, quando Marion chegara do ginecologista com a novidade havia algumas semanas, sentiram alívio e alegria.

A partir daí, a gravidez dava a ela a força e a energia que provavelmente só mesmo uma futura mãe conseguia sentir. Para ele, Marion era o contrapeso para as pessoas com que lidava em serviço. Seu jeito franco e natural era exatamente o oposto do que vivenciava durante o dia. Ainda no último fim de semana haviam passado alguns dias ensolarados em um hotel tranquilo em Valbonne, uma cidadezinha adormecida no sul da França, da qual haviam gostado tanto nas suas primeiras férias, quatro anos antes, que desde então passaram a se despedir do verão ali.

Passaram a última noite novamente no jardim do restaurante de madame Vignot, que haviam descoberto em sua última viagem. O suave ar de outono a céu aberto, entre velhas árvores de copas gigantescas, a magnífica vista para a igreja medieval da cidade vizinha e o jeito amável do maître que atendia os clientes como se estivessem na sala de sua casa fazendo-lhe uma visita os encantara novamente.

– Acho que nós dois realmente temos sorte, se pensarmos na nossa situação. Não acha? – Marion havia descansado a cabeça sobre o ombro dele, e juntos olharam a noite e apenas curtiram o momento.

– Sim, penso que realmente podemos dizer isso. Sinto-me imensamente bem, não poderia ser melhor. – A lembrança dessa noite ainda era tão viva como se tivesse sido ontem.

Sentou-se na beira da cama, Marion virou-se de lado, afastando-se dele. Seus pensamentos voltaram-se para os seus medos, sua inquietude, para o dia que mudou tudo. Não contara nada a ela sobre os acontecimentos daquele dia. Primeiramente, ele mesmo precisava compreender o que estava acontecendo. Mas devia contar a ela, na sua situação atual? Como ela reagiria? Ela nunca se familiarizara com o seu mundo profissional. O ambiente da prostituição com os seus brutais atos de violência e até homicídios, definido pela cobiça do dinheiro rápido, investigações noite adentro, encontros sigilosos com informantes que também eram mais ou menos criminosos, ou ao menos tinham um passado que, de preferência, nem deveria ser analisado mais a fundo, tudo isso sempre lhe fora estranho e, apesar dos tantos anos que já se conheciam, permanecera-lhe estranho.

Haviam conversado diversas vezes a respeito, e Marion sempre repetia que lhe restava apenas a opção de confiar nele, que ele poderia separar a profissão dele da sua vida conjugal. Entretanto mesmo no passado houvera fases de dúvida, fases em que ela tivera dificuldades de lidar com o assunto. "Só de imaginar, todos os dias apenas coisas negativas, essas pessoas, sempre o dinheiro e mais dinheiro, não importa como... não sei. Ali, as mulheres são vistas apenas como máquinas de dinheiro, se possível, louras e burras, desde que tragam o suficiente para casa para que os homens não precisem se esforçar. E ainda essa brutalidade... Bem, eu não conseguiria lidar com essas pessoas todos os dias, disso eu tenho certeza." Essa foi uma das frases que lhe veio à mente.

Se ele falasse dos acontecimentos de hoje, ela poderia continuar confiando nele? Ela acreditaria na sua versão, apesar de todas as aparentes provas que existiam contra ele? Ou será que ela, pelo contrário, não ficaria desamparada e sem saber o que pensar? O seu marido, que ela pensava conhecer, o investigador entusiasmado, ele próprio um criminoso? E tudo isso durante uma gravidez. Ele devia, ou melhor, ele podia correr esse risco?

Mais uma vez, os últimos dias passaram diante de seus olhos. Tudo começara no dia 22 de outubro. Havia algum tempo, sua delegacia já vinha recebendo indícios da abertura de um bordel ilegal em um prédio ao norte da cidade. Os donos, dos quais apenas se sabia que eram russos, haviam tomado inúmeras precauções para não serem surpreendidos por uma batida policial. Durante muito tempo, examinaram o caso com empenho moderado. Tinham uma série de outras investigações que consideravam mais importantes. Na última semana, entretanto, isso mudara radicalmente. Uma prostituta procurara um jornal de Munique e dera uma entrevista anônima sobre o cenário da prostituição da cidade, afirmando também que a polícia não tomava providência alguma contra os bordéis ilegais em áreas residenciais. Os jornalistas haviam publicado a matéria com entusiasmo. Uma foto na primeira página com garotas em trajes sumários num bar, os olhos muito delineados; por cima, a manchete. "Bordéis Ilegais em Áreas Residenciais. Polícia Faz Vista Grossa."

A reportagem deixara em aberto o motivo por que a polícia não tomara uma atitude. A acusação de corrupção não fora explícita mas estava nas entrelinhas.

Não era difícil adivinhar o motivo da mulher para a entrevista. A concorrência ilegal atrapalhava-lhe os negócios, era mais barata, por isso ela provavelmente decidira envolver a mídia no assunto. A matéria chamara bastante a atenção, inclusive do Ministério do Interior, que imediatamente ordenara à polícia que se pronunciasse. A impressão de que os órgãos públicos não tomavam uma atitude, apesar de terem conhecimento do caso, e de que talvez até fizessem vista grossa propositadamente, não podia ficar assim perante a opinião pública. Apesar de tudo, em si mesma a história não teria sido um grande problema, se a reportagem não contivesse tantas verdades. Por conseguinte, houvera muita agitação na sua repartição.

— Ricardo, precisamos tomar uma providência para desencavar esse bordel no prédio em Harthof. O chefe de polícia me exigiu, até o final da próxima semana, um relatório detalhado sobre o que fizemos quanto a isso.

Frank Tomer, seu chefe, chamou-o em sua sala. Nervoso, estava sentado atrás de sua mesa, onde tudo estava arrumado como sempre, à esquerda os documentos, à direita o catálogo telefônico, à frente o bloquinho de lembretes de couro sintético marrom e a agenda que eles ganhavam todos os anos, no Natal, do sindicato. Nada de pessoal, nenhuma foto, nem um calendário na parede. Se fosse preciso, Tomer conseguiria empacotar tudo em menos de meia hora, e nada mais faria lembrar dele.

Fez um gesto para que se sentasse.

— Você não tem aquele entregador russo, como ele se chama mesmo?

Bauer não tinha dificuldades com Tomer. Apesar dos seus 56 anos, continuava empenhado, algumas vezes um pouco lento em suas decisões, mas esforçado. A impressão que ele passava era a de um homem que almejava o sucesso, por convicção, não por motivos ligados à carreira. Possivelmente não contava mais com nenhuma promoção antes da aposentadoria. Bauer só tinha dificuldades em lidar com ele quando estava sob pressão dos superiores, ocasiões nas quais ficava facilmente agitado.

E esta era a situação em que se encontravam agora; esperava-se dele, do seu pessoal, um resultado rápido. Para Bauer, desta vez Tomer parecia bem mais nervoso que o usual. A batida policial planejada era particularmente importante pelo fato de, nos últimos meses, duas ações do gênero, preparadas por eles com muito esforço, terem sido um fracasso absoluto. Principalmente a última, havia menos de quatro semanas, não lhes saía da cabeça. Haviam recebido várias denúncias de testemunhas sobre a existência de um bordel ilegal num apartamento em um bairro residencial e comercial no centro da cidade. Mas, ao revistarem o apartamento, não havia ninguém lá, e não encontraram nada além de uma geladeira velha. Os vizinhos relataram que dois dias antes da ação policial vários homens teriam esvaziado o apartamento. Ao que parecia, as prostitutas e seus supervisores ficaram sabendo de tudo antecipadamente.

Todos eles sabiam que, além de coincidência, no que ninguém queria acreditar, havia apenas uma única explicação, e esta era bastante desagradável. Existia um traidor entre eles. Nenhum dos policiais falava abertamente sobre isso, nem Tomer. Mas agora a situação mudara. Bauer recordou-se do discurso do seu chefe no dia anterior para toda a delegacia. Como sempre, estavam sentados na sala de reuniões pela manhã, cansados demais ainda para fazer qualquer outra coisa além de mexer a xícara de café, perdidos em seus pensamentos. Apenas Franz Schober, para quem só faltava um ano até a aposentadoria, e que era chamado pela maioria de "Lagerfeld" pela sua predileção por suéteres de malha grossa e sem mangas em qualquer estação do ano, longe de qualquer imposição da moda, relatava ao seu vizinho que hoje precisaria sair na hora do almoço para ir ao médico e que depois não retornaria mais.

Como sempre, Frank Tomer chegara um pouco mais tarde, após o seu primeiro compromisso do dia com o diretor da repartição, seu chefe. De lá, ele trazia o que tinha de novidades. Ao entrar na sala, ninguém lhe dera atenção; nenhum deles fazia idéia do que viria depois. Sua voz estava alta, trêmula de nervoso.

– Colegas – gritara em volume não habitual e interrompeu brevemente enquanto o seu olhar raivoso percorria a sala –, esta foi a segunda batida na qual nos ridicularizamos ao extremo. – Estava visivelmente ofegante, a face vermelha. – Mais uma vez investimos muitos esforços, inúmeras reuniões com outras repartições, tudo em vão.

Fizera uma pausa e passara a mão sobre a testa.

– Mas podem ter certeza de que não é isso que está me aborrecendo tanto. O pior de tudo é que não há outra explicação senão o fato de alguém estar revelando essas batidas policiais antecipadamente. Não acredito que eles tenham interceptado o nosso rádio todas as vezes. Jamais teriam tido tempo de esvaziar os apartamentos. Todos vocês sabem que, além da nossa delegacia, apenas o subchefe de polícia conhecia o local da operação. Afinal, as outras forças da operação ficam sabendo apenas instantes antes. Vou dizer sinceramente para vocês que acho muito difícil acreditar que seja tudo coincidência. E se não for o caso, então... – Interrompera a sua fala e passara as mãos pelo cabelo. – ... então aqui nada mais continuará sendo como era, e eu, prometo a vocês, farei de tudo para encontrar o culpado. Quanto a isso, vocês podem ter certeza.

Estavam todos em silêncio e perplexos. Indiretamente, ele os acusara de traição – eles sentiram um abismo se abrindo entre eles e o seu chefe. Schober fora o único a reagir, balançando a cabeça, preocupado. Mas, antes que pudesse dizer qualquer coisa, Tomer levantara e demonstrara-lhe que não queria ouvir nada agora, de ninguém. O assunto só estaria encerrado após o sucesso da próxima operação, quanto a isso não havia mais dúvidas.

Quando, depois desse discurso, Tomer perguntou a Bauer a respeito do seu informante, o entregador, ele sabia do que se tratava. Não podiam se dar o luxo de mais uma vergonha daquelas.

– Você deve estar falando de Alex. Já faz algumas semanas que não tenho mais contato com ele. Mas acredito que ele poderia nos ajudar, sim. Tentarei encontrá-lo.

Foi até sua sala e ligou para o celular de Alex. Demorou bastante até que este finalmente atendesse.

– Olá Alex, sou eu, Ricardo.

– Ah, faz tempo que você não telefona, será que a última história deixou você um pouco sem graça?

Bauer precisou refletir um pouco até compreender o que Alex estava insinuando.

– Vamos, deixe disso, afinal já conversamos a respeito. Preciso te encontrar, temos uma questão aqui e precisamos dos seus préstimos.

– Bauer, você sabe que ajudo você com prazer, mas desta vez também terá que valer a pena para mim. Do jeito que as coisas correram da última vez, quando prendemos aqueles três poloneses, eu não entro mais nessa.

Sabia que Alex estava certo. Haviam passado mais de dois meses até finalmente autorizarem uma recompensa, cujo valor de dois mil euros era ridiculamente baixo. Afinal, haviam prendido uma quadrilha internacional de traficantes de carros e conseguido solucionar roubos de mais de um milhão de euros. No momento, Alex achava-se em segurança, os três criminosos foram condenados a vários anos de prisão. Mas algum dia esse período chegaria ao fim, e então eles certamente lembrar-se-iam dele. Não era difícil encontrá-lo. Muitas pessoas conheciam Alex e os bares que freqüentava, e nem todas eram amigas.

– Alex, tentarei tirar o máximo para você se tivermos êxito. Mas sabe que, no final das contas, não depende de mim.

– Está bem, Bauer, nos encontramos hoje à noite no Janos.

Bauer mantinha diversos contatos com pessoas que de tempos em tempos passavam-lhe informações do submundo. Esconderijos de criminosos foragidos, fornecimentos de drogas esperados na cidade, tiroteios entre cafetões dos quais a polícia jamais ficaria sabendo – havia muitas coisas que ninguém sabia oficialmente, mas, justamente por isso, eram de tão grande importância para o seu trabalho. Para ele, tais contatos eram uma parte muito prazerosa do seu trabalho. A constante tentativa de ver o que existia por detrás das fachadas, compor novas informações como um quebra-cabeça até formar um todo, e finalmente também o contato com inúmeros tipos de pessoas totalmente diferentes umas das outras. Todos tinham os seus motivos pessoais pelos quais não combinavam com este mundo burguês. Para ele, isso significava um constante desafio. O modo de lidar com essas pessoas não tinha como ser regulamentado por leis e ordens de trabalho. Ou se conseguia ter acesso a elas e encontrar uma base de diálogo, ou se falhava.

Durante os últimos quatro anos, nos quais trabalharam juntos, Alex demonstrara ser um informante com uma sensibilidade apurada para o que interessava à polícia. Além do mais, era confiável, uma verdadeira raridade no negócio. E também tinha a vantagem de falar alemão quase fluentemente, de forma que não se comunicava bem apenas com os seus compatriotas. Conheceram-se quando Bauer estava investigando um esfaqueamento num salão de sinuca em que um italiano quase não resistira aos ferimentos. Somente o acaso de uma ambulância estar por perto naquele momento evitara a sua morte. Alex já trabalhava como entregador naquela época, mas, assim como hoje, paralelamente a isso também jogava por dinheiro no salão de sinuca. Parecia dominar o jogo, de diversos lados recebera a confirmação de que em algumas noites ele ganhara mais de quinhentos euros.

Naquela ocasião, Bauer também interrogara Alex como testemunha, apesar de ele já não estar presente no salão naquela noite e, com isso, não ter mais como dizer nada diretamente relacionado à causa direta do esfaqueamento. Mas ele tinha indícios valiosos quanto aos motivos, possibilitando que Bauer investigasse os dois culpados, assim como o esconderijo da faca do crime. Na época, não escrevera nada sobre isso no interrogatório oficial de Alex.

Isso fora combinado entre eles. Ele passara informação para Bauer, e Bauer evitara que Alex fosse obrigado a depor como testemunha no tribunal. Como os autores do crime eram membros de um grupo de albaneses com inúmeras passagens pela polícia, a situação poderia ter ficado perigosa para Alex. E, para a sua fonte de renda no salão de sinuca, certamente teria sido bastante prejudicial. Seus parceiros de jogo não teriam apreciado muito tal necessidade de comunicação.

Sem dúvida, a manutenção da promessa era essencial para Alex.

– Uma coisa eu posso lhe garantir, Sr. Bauer: se esse lance não for limpeza, não rola nada. Não vi nada, não ouvi nada, não faço a menor idéia, é assim que será, mesmo que o juiz me faça as ameaças mais idiotas; nada disso me interessa.

Entretanto tudo acontecera conforme o combinado. Ele estimara muito o fato de Bauer ter evitado essa visita ao tribunal. A partir daí, encontravam-se esporadicamente, e ele sempre sabia de alguma coisa que interessava a Bauer.

Com o tempo desenvolveu-se uma espécie de amizade distanciada entre os dois. Apesar de Alex sempre manter contatos próximos com tipos envolvidos com negócios dúbios, desde que Bauer o conhecera jamais fora condenado. Antigamente, quando ainda comercializava carros, muitas vezes fora investigado, mas nunca fora possível provar alguma coisa. Ele não sabia se Alex era muito esperto ou se as acusações de fato não tinham fundamento, mas também não tinha importância. E mesmo que ele se relacionasse com prostitutas com certa freqüência, Bauer sabia de diversas fontes que ele não tomava dinheiro delas. Era orgulhoso demais para isso. Certa vez, quando Bauer conversara com ele a respeito, Alex dissera: "Vou dizer sinceramente, você pode acreditar ou não: se as garotas já têm que abrir as pernas por dinheiro, então que elas o façam para si mesmas. Eu posso ganhar a minha própria grana."

As garotas e ele viviam no mesmo mundo, passavam pelos mesmos problemas e tinham um objetivo em comum: ganhar dinheiro, quanto mais e quanto mais rápido, melhor. Havia alguns meses Alex explicara-lhe o seu ponto de vista ao receber a recompensa por uma dica eficaz.

– Sabe, às vezes eu me pergunto se vocês têm noção do quanto as coisas são fáceis para vocês. Primeiro vão tranqüilamente para a escola, depois profissão, família, mês a mês um dinheirinho guardado, nada demais, mas o bastante, e sem estresse, e tudo isso até que decidam cair fora.

Bauer levantara a mão em protesto, sem conseguir disfarçar uma risada.

– Bem, também não é sempre tão fácil assim quanto você pensa.

— Ah, me poupe, eu conheço vocês. Sabe, com a gente já é um pouco diferente, é sempre um estresse por causa da grana, não existe dinheiro garantido no dia primeiro. Você tem que se virar, sempre, e vive se aborrecendo com os outros caras, não se pode mais confiar neles, não são mais como antes. Na semana passada, eu quase fui obrigado a dar uma surra num italiano miserável no salão de sinuca para receber o dinheiro que ele tinha perdido para mim. Antigamente não tinha dessas coisas. E pode crer que eu não quero ficar me aborrecendo eternamente com esses idiotas. Por isso o meu lema é agarrar as oportunidades e mandar ver para poder juntar algum dinheiro. E depois, eles que se danem, juro.

Independentemente da mulher com quem Alex estivesse vivendo no momento, ele apreciava que ela fizesse o seu trabalho e ficasse longe das drogas. Às vezes buscava-a na casa noturna em que trabalhava e levava uma conversa séria com um cliente que achasse que deveria salvá-la do submundo, na maioria das vezes com a intenção de mantê-la de graça para si mesmo. Entretanto até então ele nunca ultrapassara o limite do permitido. E essa era uma regra impronunciada entre os dois. Ele sabia que Bauer não poderia poupá-lo se cometesse um delito. E Bauer sabia que Alex jamais lhe entregaria alguém que considerasse um amigo próximo. Com o tempo, desenvolvera-se uma relação franca e aberta entre ambos, cada qual respeitando os limites do outro. Havia confiança.

Alex chegou às 8h ao café próximo ao jardim inglês em que já haviam se encontrado diversas vezes. Era bastante pequeno, apenas dez mesas, e freqüentado basicamente por estudantes da universidade mais próxima. As freqüentadoras do sexo feminino eram a motivação principal que levara Alex a escolher este café para os seus encontros. Apesar de provavelmente ser considerado um estudante de doutorado apenas pela minoria, por causa das tatuagens chamativas nos dois antebraços e do colar de ouro grosso que, se preciso, também serviria como coleira para um cão raivoso, ele se sentia bem ali e visivelmente lhe agradava escapar do ambiente a que estava acostumado, mesmo que por pouco tempo. Como sempre, trajava o seu casaco preferido de jeans desgastado e uma calça de moletom azul. Com o seu quase 1,90 m de altura e o corpo atlético, até que causava boa impressão.

Prendera os cabelos escuros num rabo-de-cavalo. O nariz grande, largo e chato, um produto evidente de inúmeros "contatos inimigos", dominava em seu rosto, conferindo-lhe uma expressão marcante e colocando os olhos em segundo plano. Como sempre, estava envolto numa nuvem de perfume que faria honra a qualquer modelo. Bauer sempre ficava sabendo logo se havia chegado um novo perfume masculino ao mercado, porque Alex aparentemente era o primeiro a banhar-se com ele; por isso, a intensidade do aroma no ar.

Havia nove anos ele viera de uma pequena cidade ao sul de Moscou para Munique e conhecera uma mulher com quem se casara pouco tempo depois. O modo como a conhecera era um dos seus segredos mais bem guardados. Bauer ainda não conseguira saber do que se tratava. Certa vez, tinha-os visto por acaso em um shopping, mas não falara com eles. A mulher, de aparência malcuidada, era evidentemente bem mais velha do que Alex, ao passo que este era duas cabeças mais alto do que ela. Seu corpo voluptuoso estava enfiado em uma roupa que parecia ter sido escolhida segundo o lema "muito tecido por pouco dinheiro". Ainda lembrava-se bem da sua cabeça, com os cabelos louros e grisalhos compondo mais uma comunidade desagregada do que um penteado feito por mãos humanas.

Certo dia, quando Bauer perguntara a Alex por que este se apaixonara justamente por uma mulher que era muito mais velha do que ele e cuja aparência dificilmente corresponderia ao sonho de noites em claro, ele não quis entrar em detalhes.

– Bauer – disse com um sorriso largo nos lábios –, vocês aqui não têm aquele ditado, algo com o amor que muitas vezes é insondável?

Para Bauer, ela deixara de ser tão insondável assim ao descobrir, meses depois, que a autoridade competente estava investigando o seu informante e a mulher por suspeita de casamento falso. Surgiram boatos de que a noiva, que vivia da assistência social, teria recebido cinco mil euros de "compensação de despesas" pelo casamento. Entretanto acabaram não conseguindo comprovar nada que comprometesse os dois, porque nenhuma testemunha se dispôs a confirmar o boato. Provavelmente a origem de Alex e o seu corpo não exatamente delicado haviam surtido o seu efeito. Oficialmente, vivia com a esposa no mesmo apartamento, mas na realidade envolvia-se com uma mulher atrás de outra, com as quais morava. O casamento permitia-lhe a permanência legal na Alemanha, e era isso que importava.

No café, sentaram-se à mesa no canto mais distante da porta de entrada. Alex gostava desse lugar porque de lá podia ver os clientes assim que entrassem. Pediu água mineral, como em todos os seus encontros. No começo, Bauer espantara-se com isso, mas com o passar do tempo compreendera que Alex considerava-se "em serviço" nessas horas, o que, para ele, pelo visto significava obrigatoriamente a renúncia ao álcool.

– O que devo fazer por você desta vez, Sr. investigador-chefe? Vagar durante semanas a seu serviço em feirões de carro, para depois receber uma gorda recompensa? Sinceramente, estou cansado.

Como sempre, Bauer não conseguiu conter um pequeno sorriso quando Alex usou essa expressão. Era a sua frase preferida, e sempre a usava quando alguma coisa o aborrecia. Isso acontecia principalmente quando ele fazia algo para Bauer, para a polícia, e, do seu ponto de vista, não era reconhecido e remunerado da forma adequada. Bauer já conhecia a conversa. Alex tinha razão, sim, claro que ele se arriscava bastante ao trabalhar com a polícia, mas a administração simplesmente não estava disposta a pagar recompensas mais altas.

– Não seja tão duro comigo, Alex. Eu já lhe disse que entendo, mas simplesmente não posso fazer nada além de tentar tirar o máximo para você. Eu também gostaria que a instituição não fosse tão lenta, mas nós dois não mudaremos isso. Deixe estar, da próxima vez espero conseguir mais dinheiro para você. Trata-se de um desses bordéis que, segundo nossas informações, funcionam ilegalmente em Munique. Não sabemos praticamente nada até agora sobre os caras que estão por trás disso, ninguém no submundo parece conhecê-los, ao menos nenhum daqueles que falam conosco.

Recebemos novos indícios e desta vez precisamos nos esforçar. As nossas duas últimas ações deram totalmente errado.

Alex cruzara os braços em frente ao peito. O fato de lhe ser conferido um papel importante visivelmente lhe agradava. Duas jovens sentaram-se na mesa ao lado, o que o fez girar a cabeça como por acaso, chamando ainda mais a atenção, e abrir um sorriso largo caso os olhares se cruzassem.

— Quer ajuda na troca de endereços? — perguntou Bauer ligeiramente irritado.

— Não, muito gentil, pode deixar, até agora consegui fazer isso sozinho.

— Agora eu gostaria de continuar conversando com você, pode ser?

— Tudo bem, já estou de volta e sou todo ouvidos para a sua história — disse Alex sorrindo, sem tirar os olhos das mulheres.

— O prédio na Schleißheimer Straße, logo depois daquele posto Shell. Já ouviu falar dele?

Alex acenou levemente a cabeça e ergueu as sobrancelhas.

— Sei de que buraco está falando. Já ouvi falar de lá diversas vezes, mas até hoje não me interessou, não é o meu negócio, como você sabe. Deve ser um lugar interessante, uma espécie de dica secreta para certos meios, um pouco careiro. Parece que algumas figuras famosas circulam por lá ou encomendam as garotas para as suas casas.

— Você tem noção de quem organiza tudo isso?

— Não faço idéia, como disse, até agora não me interessou nem um pouco. Mas posso tentar me informar, talvez descubra alguma coisa.

— Ótimo, espero que tenhamos algum progresso. E de resto, tudo bem com você?

Alex fez um gesto depreciativo com as mãos.

— A sinuca está parada no momento, ninguém mais tem dinheiro. Os negócios andam mal para os rapazes, e as garotas também estão trazendo cada vez menos para casa. Mas não quero me queixar. Juntando o meu lance de entregador e alguns outros negócios, está bem. — Terminaram de beber, e Alex levantou-se. — Então, até mais.

— Está bem, eu aguardo a sua ligação. — Bauer permaneceu sentado para pagar, enquanto o outro deixava o estabelecimento. Eles nunca saíram juntos.

No dia 23 de outubro, Tomer começou a ficar nervoso, não podia mais adiar o seu relatório para o chefe de polícia. Por isso perguntou a Bauer na reunião matinal:

— De quanto tempo você acha que o seu contato precisará para obter informações para nós?

Bauer não estava disposto a pressionar Alex em vão. Já tentara fazer isso uma vez, e a conseqüência fora que Alex não dera mais nenhum sinal nas semanas seguintes, para em seguida comunicar, furioso, que fazia tudo isso voluntariamente e que não permitiria que lhe ficassem dando ordens. Bauer queria poupar-se disso. Além do mais, por que essa pressa agora? Já haviam esperado tanto tempo para essa ação, que alguns dias a mais ou a menos não fariam diferença.

— Acredito que dentro de uma semana terei notícias de Alex.

Era sexta-feira, dia 24 de outubro. Bauer estava pensando em alguns filmes de cinema que ele e Marion haviam escolhido como eventuais acordos entre comédia e terror. Acabara de olhar o relógio e de se alegrar por serem quase três horas, quando o telefone tocou.

— Bauer, é você?

— Quem mais esperaria que fosse neste número?

— Não faço a menor idéia. Da última vez quem atendeu foi um cara estranho que sequer se apresentou e foi logo engrossando comigo quando eu disse que só falaria com você.

— Tudo bem. Agora sabe que sou eu.

— OK, escute, eu me informei, as coisas parecem estar correndo bem. Você ficará surpreso com o que acontece por lá. Precisamos nos encontrar sem falta.

Caso não tivesse mais tempo hoje, isso ele sabia, Alex ficaria muito aborrecido.

— Está bem, nos encontramos às sete horas no café.

Com um peso na consciência, pegou o telefone.

– Quer que eu adivinhe por que está ligando?

Pelo tom da voz de Marion, Bauer percebeu que ela estava bem-humorada.

– Sinto muito, mas preciso ir a um encontro às sete horas. Contudo acredito que não leve mais de uma hora.

– Tudo bem, você está com sorte hoje, também preciso ficar mais tempo no escritório. Devo chegar em casa por volta das oito horas, quem sabe você também consegue até lá.

– Me esforçarei. Até mais, então.

Como era sexta-feira, e os estudantes aparentemente já haviam começado o fim de semana, havia poucas pessoas no café. Como sempre, antes de qualquer coisa Alex percorreu os rostos dos clientes para se assegurar de que não conhecia nenhum deles. Se fosse o caso, ele fingiria não ver Bauer. Eles haviam combinado isso, já que não tinham como saber quem conhecia Bauer como policial.

– Então, escute, o apartamento fica naquele grande bloco amarelo depois do posto de gasolina, como você tinha dito. Número 398, no sexto andar. Ao sair do elevador, fica exatamente em frente.

– Você sabe que nome está na porta?

– Não, não prestei atenção, mas, pela aparência do prédio, provavelmente nenhum. O barraco está bem acabado, muitas pessoas ali sequer têm seus nomes na porta.

– E como eles chegam aos clientes, você sabe?

Para visivelmente conferir à situação certo suspense, Alex bebeu um gole de sua água mineral, cruzou os braços atrás da cabeça e recostou-se enquanto inflava o tórax em alto e bom tom. O sinal deveria ser claro, agora viria algo importante e misterioso.

– São muito espertos. No apartamento, as garotas trabalham apenas sob encomenda. Cada cliente deve ligar antes para um determinado celular, que não consta de nenhuma lista telefônica e só é passado adiante em determinados meios. E ele pode marcar um horário com a garota e recebe uma senha que deve ser informada na porta. E só então o deixam entrar. Aparentemente trabalham até seis meninas ao mesmo tempo no apartamento.

Os olhos de Alex fitavam Bauer, visivelmente lhe agradava o que via.

Bauer acenou a cabeça, satisfeito.

– Você também descobriu alguma coisa sobre a procedência das garotas?

– A maioria é russa, e algumas delas aparentemente têm apenas 16 ou 17 anos.

– E quem está por trás do negócio?

– Não sei exatamente, parece que são vários caras, da Rússia também. Geralmente não ficam no apartamento, apenas organizam as meninas. Parece ser um apartamento totalmente normal, de um vagabundo alemão que, oficialmente, mora lá. Mas, na realidade, ele nunca está lá, dorme na casa de uma mulherzinha qualquer.

A garçonete aproximou-se da mesa, e Alex interrompeu imediatamente o discurso para lançar um olhar áspero para ela.

– Posso trazer-lhes mais alguma coisa?

– Não, obrigado, está tudo ótimo, não queremos mais nada. – Um gesto de recusa demonstrou-lhe claramente que não era bem-vinda agora. Este era o seu espetáculo, e Alex não suportava ser interrompido. – As garotas estão lá em horários diferentes. O apartamento tem um fiscal, mas ele é discreto e só aparece quando tem algum estresse. Parece que ele também trafica as pílulas do amor que muitas das garotas, mas também alguns dos seus clientes, ingerem antes do sexo.

– É aquele troço que hoje em dia praticamente todos no submundo parecem estar tomando por ser tão barato? – perguntou Bauer.

– Não sei se todos estão tomando agora, mas parece que vem da Holanda, e dizem que deixa a pessoa totalmente eufórica. De tempos em tempos, um dos chefes vai a Rotterdam para reabastecer.

– Você também descobriu como a coisa funciona financeiramente?

Alex não respondeu de imediato. Após um breve intervalo, inclinou-se para frente e fixou os olhos de Bauer com um sorriso largo:

– Quer saber o que eu acho tão bacana em vocês? Vocês são sempre tão terrivelmente humildes. Você não sabe mais isso, ouviu mais alguma coisa ali? Às vezes eu me pergunto o que seria de vocês sem mim.

Bauer gostaria de ter-lhe dito que, apesar de já terem tanta tecnologia à disposição, as boas informações eram indispensáveis para ele. Muitas vezes, era delas que partiam os indícios decisivos. Mas ele conhecia Alex o suficiente – era preciso poupar os elogios para não elevar demais as suas expectativas financeiras com a polícia. Já era difícil liberar pequenas somas para essas informações. Bauer inspirou profundamente, um sinal evidente para Alex de que a sua mensagem havia chegado, contudo neste momento sem chances para um retorno.

– Então, pelo que eu soube, as garotas só recebem trinta euros por cliente, os cento e setenta euros restantes ficam com o dono do negócio.

– Um negócio nada mal – retrucou Bauer.

– É, e isso ainda não é tudo, algumas também passam a noite no apartamento e, para isso, também têm que pagar um extra. O que poderia se tornar um problema para vocês é que algumas garotas dormem na casa dos seus carinhas. Portanto não será tão fácil assim reuni-las todas.

– Existe algum dia com bastante movimento, mais indicado para uma batida policial? – perguntou Bauer.

– Não tenho como dizer, não sei, mas ouvi falar que na próxima semana devem chegar novas garotas. Numa ocasião dessas, os chefes supremos também ficam no prédio. Ao menos até agora foi sempre assim na chegada de reforço. Mas ficarei sabendo disso apenas dois dias antes.

Como tantas outras vezes, Bauer gostaria de ter perguntado a Alex de onde ele obtinha essas informações, mas se tinha uma coisa que Alex jamais faria era entregar a sua fonte. Era cauteloso demais para isso.

– Bauer, se eu estiver fazendo uma leitura correta do seu olhar, você mais uma vez está pensando de onde eu sei tudo isso. Não se martirize, simplesmente confie em Alex. Até agora tudo o que eu contei a você não estava correto?

– Você tem razão. Mas é da minha natureza, pura curiosidade.

Alex riu.

– Deve ser horrível essa sensação, realmente desagradável.

– Se você fizesse o meu trabalho, saberia do que estou falando, mas eu entendo, está tudo bem. Bom, então aguardo notícias suas quando souber a data.

Satisfeito, Bauer foi até o seu carro. Alex sempre o surpreendia, os seus contatos eram simplesmente incríveis. Se ele também descobrisse o dia em que os responsáveis também estariam no prédio, então teriam tudo de que precisavam saber.

Ao chegar em casa, Marion já o aguardava. Nos cinco anos em que moravam ali, o apartamento tornara-se o seu refúgio, onde podia desligar-se completamente do trabalho. Com exceção da sua repartição, o endereço não era registrado oficialmente em lugar algum, e o número do telefone era secreto. Dessa forma, tinha a certeza de não precisar temer surpresas desagradáveis com hóspedes não-convidados. Dera toda a liberdade a Marion na escolha dos móveis, ele conhecia suas preferências; ambos gostavam de móveis claros, quadros modernos, cortinas alegres e coloridas. Com essa mistura, transformaram os quatro cômodos num lar no qual se sentiam bem.

– Que bom que temos um fim de semana pela frente.

Bauer deu-lhe um beijo e abraçou-a.

– Eu sinto muito pelo atraso, mas, para consertar isso, convido você para um jantar no nosso restaurante italiano, que tal?

– Você me conhece, claro.

Foi uma noite descontraída. Ela falou sobre o seu dia na agência de publicidade em que trabalhava, e ele adorava prestar atenção às suas histórias. Para ele, era sempre a oportunidade ideal para desligar-se. Ela gostava de narrar e sempre o levava a um mundo diferente, que pouco tinha a ver com o seu mundo profissional. E, ao voltarem para casa, mais tarde, ele conseguira de fato esquecer o trabalho.

Na segunda-feira, 27 de outubro, as conversas no cafezinho matinal do escritório foram dominadas pelas histórias de fim de semana de sempre. Isso também não foi diferente nesse dia. O FC Bayern surpreendentemente perdera um jogo em casa contra o VfB Stuttgart na primeira divisão devido a um pênalti controverso, o que provocou consideravelmente os ânimos de alguns policiais. Mas os fins de semana também eram o momento de os solteiros entre os colegas de Bauer fazerem experiências mais ou menos novas com o sexo oposto.

— Vocês sabem o que me aconteceu no sábado? — perguntou Klaus Kroll aos presentes após um breve intervalo da acirrada discussão futebolística. A reação dos colegas à pergunta, que variava entre leve suspiro e o rápido esvaziamento da xícara de café, o impressionou apenas a ponto de ele contar a história anunciada somente aos seus vizinhos diretos. — Sábado foi o máximo de novo. Estou a menos de dez minutos no Sunset, vocês sabem, esse lugar em Schwabing, quando uma secretariazinha linda se aproxima de mim e puxa conversa. Pura besteira o que ela fala, mas eu lhes digo, o corpo, um espetáculo. Fica exibindo o decote para mim o tempo todo, que peitão, quase fiquei cego. O tempo passa, nem sei mais quanto tempo ficamos lá, pago uma rodada de bebida, depois ela paga outra, ela fala e fala, pouco me importa. E agora vem o melhor.

Ele fez um breve intervalo para conferir o suspense criado pelo seu relato e para testar o grau de atenção dos ouvintes.

— De repente ela se levanta, coloca o braço sobre os meus ombros e sussurra. "Eu quero ir agora, com você." Em frente à entrada, ela chama um táxi, nós dois no banco de trás, e tão certo quanto dois e dois são quatro, num piscar de olhos já estou deitado atravessado em seu colo, a metade da cabeça entre os seus peitos gigantescos. Nem sei para onde estamos indo, e então ela pede que o motorista pare, e estou no apartamento dela, reto e direto para o sofá. Já começo a achar que não vou conseguir tirá-lo a tempo da calça, mas depois, juro, a coisa pegou fogo. Uma sensação, essa gata, nunca vi uma coisa dessas.

Klaus Kroll, colega de sala de Bauer, apelido "el Toro", atacara novamente. Atacara com uma história que só ele podia viver, em algum lugar entre 1001 Noites e "matérias exclusivas" das revistas especializadas no tema "Mulheres hoje – famintas e conscientes de si". Os seus relatos sobre encontros dramáticos com mulheres que não resistiam a ele em seus passeios de fins de semana pela noite de Munique já haviam se tornado lenda. Se no começo ele ao menos conseguira entreter os seus colegas até certo ponto, agora torrava o saco. Quantas vezes fora visto sozinho no balcão de diversos bares, sem mulher alguma ao seu redor. Bauer estava convicto de que a verdadeira aventura de sábado de Kroll se resumira a uma solitária senhora idosa que permitira que ele lhe pagasse o táxi para casa e o recompensara com um "Obrigada pela noite agradável" ao saltar. O silêncio dos colegas não incomodava Kroll, a seu ver estavam simplesmente impressionados demais para poderem dizer alguma coisa.

Logo depois, Bauer acabara de chegar em sua sala quando o telefone tocou.

— Bauer, chegou a hora, eu sei que dia virão as novas garotas — disse Alex, e sua voz parecia agitada. Era assim que Bauer o conhecia; por um lado, tranqüilo e fechado, por outro, fora de si de tanta alegria quando tinha uma informação quente para a polícia.

— Ótimo — disse Bauer. — Quando podemos nos encontrar?

— Hoje, às sete horas, no Janos — e desligou o telefone.

Bauer foi à sala de Tomer, onde este estava telefonando. Ele fez sinal para que se sentasse. Aparentemente, era o porta-voz quem estava do outro lado da linha.

— Eu compreendo que a imprensa esteja no seu pé, mas no momento ainda não posso oferecer nenhuma novidade. Estamos preparando uma ação, mas é segredo absoluto. Por favor, não diga uma palavra aos jornalistas. — Enquanto Tomer escutava a resposta do porta-voz, olhou para Bauer e deu um suspiro. Essas conversas o aborreciam. — Sim, acredito que precisaremos de mais uma semana. Depois, por mim, o senhor pode editar uma matéria. Ligarei, claro, pode ter certeza. Até logo. Às vezes a gente tem a impressão de que a nossa assessoria de imprensa é o mais importante de tudo. Só porque agora estão sendo constantemente questionados em relação ao que faremos a respeito desses bordéis ilegais, querem saber até o que estamos planejando. — Aborrecido, balançou a cabeça. — Devem achar que somos idiotas. Se fosse assim, poderíamos nos poupar de todo o restante. Eles realmente podem esperar. Ricardo, quais são as novidades?

Bauer falou-lhe da sua conversa com Alex ao telefone.

– Mas ele disse quando será, para que eu possa ir começando os preparativos?

– Não, Frank, e você sabe também que não teria o menor sentido perguntar a respeito disso ao telefone. Essas coisas, Alex só faz pessoalmente. Eu o conheço há bastante tempo, ao telefone ele diz apenas o estritamente necessário.

Às vezes Tomer o irritava, mas Bauer tratava de segurar as pontas.

– Tenho certeza de que ainda teremos tempo suficiente para preparar tudo. Mas, se você quiser, depois do encontro eu posso telefonar para a sua casa para te deixar a par.

O chefe mostrou-se satisfeito com isso, mas com a condição de que ficaria sabendo das últimas notícias ainda naquela noite.

Alex chegou ao café com uma expressão que não deixava dúvidas de que naquele momento ele era um homem da maior importância.

– E então, o que acha de mim? – perguntou a Bauer.

– Basta "sensacional", ou será que, para reforçar a sua importância, eu deveria me ajoelhar aqui e agora, mestre de todos os informantes? – retrucou Bauer. Que Alex se divertisse no tão amado jogo "Eu sei algo que você não sabe". Podia viver com isso. – Chega de suspense, não sou mais tão jovem. Quando será, superespião?

– Parece que as garotas chegarão na quarta-feira à noite, por volta das 23h, com um microônibus da cidade de Deggendorf. Um dos donos do negócio é de lá. Além dele, os outros dois cafetões também estarão lá, e algumas garotas. Aliás, um dos dois parece ser de Munique, de apelido Sascha-Harley, ao que tudo indica ele dirige um troço desses.

Alex recostou-se e, visivelmente orgulhoso, cruzou os braços em frente ao peito.

– Agora posso pedir o meu coquetel, Sr. servidor do Estado? – perguntou ironicamente.

Certa vez Bauer cometera o erro de convidá-lo para um coquetel depois de ele ter descoberto o esconderijo de um cafetão que havia fugido da prisão. E desde então esse coquetel tornara-se parte obrigatória do seu trabalho conjunto, com o êxito encerrava-se a abstinência alcoólica. Mas também como ele poderia saber que com isso arrumara mais um interrogatório de Bauer por Frank Tomer na prestação de contas seguinte? Alex aproveitou cada gole do seu daiquiri de banana enquanto Bauer olhava para o relógio, impaciente. Queria chegar mais cedo em casa naquele dia.

Para Alex, o apogeu de tais encontros era sempre a hora de pagar. Ele, que em parte tinha uma relação bastante tensa com a lei e, conseqüentemente, com a polícia, sendo convidado para um drinque justamente por ela, realmente era uma situação que lhe causava imensa satisfação.

— Não sei nem como lhe dizer o quanto fico orgulhoso por mais uma vez ter feito algo de bom por vocês — ainda disse a Bauer na despedida, com um largo sorriso.

Quando finalmente chegou em casa, Bauer estava satisfeito. Marion preparara o jantar, e, quando iam começar a comer, ele lembrou-se de Tomer e pegou o telefone.

— Isso não pode esperar? — perguntou Marion, irritada.

— Desculpe, mas preciso resolver isso rapidamente, depois teremos tranqüilidade.

— Pensei que você tinha esquecido do seu chefe — cumprimentou-o Tomer, depois de atender logo após o primeiro toque.

Ele nunca deixava de surpreender Bauer. Fazia mais de seis anos que o seu chefe estava no cargo, mas continuava não suportando quando não era imediatamente informado sobre tudo, não importava a urgência. Certamente, mais uma vez não se afastara mais de dois metros do telefone a noite inteira, para não perder a ligação de jeito nenhum. Antes do divórcio de Tomer, sua ex-mulher chamara Marion a um canto no casamento de um colega e chorara as suas mágoas. Quando Tomer aguardava uma ligação, ela estava estritamente proibida de telefonar, e se então uma amiga telefonasse ele sempre dizia que ela estava com enxaqueca e que ligaria no dia seguinte. Já tinham brigado muito por causa disso, mas não era assunto a tratar com Tomer. Em todo caso, isso era passado agora, os dois se separaram havia mais de dois anos.

Bauer relatou o que ficou sabendo por Alex.

– Está bem, agora você sabe de tudo, e amanhã poderemos discutir todo o restante com calma. – Estava aliviado por ter resolvido o assunto, senão amanhã ele seria obrigado a ouvir novamente o sermão da importância de passar todas as informações para o chefe, que, afinal, era o responsável por tudo.

Precisaram de dois dias, 27 e 28 de outubro, para o planejamento da ação. Era preciso sigilo absoluto, inclusive os policiais de outras repartições que os apoiariam deveriam ser informados o mais tarde possível sobre o local da operação, para evitar que os criminosos fossem avisados. Brunner e Jörgel, que todos só chamavam de "CPC" por ele fazer tanta questão do título "Chefe da Polícia Criminal" a ponto de tê-lo em negrito no seu cartão de visita, foram até o prédio para ter uma idéia do lugar. Além disso, haviam arranjado uma planta do apartamento com a secretaria de construção civil. Tratava-se de um apartamento com cinco cômodos, de 140 metros quadrados. Estavam bem preparados. Portanto, não tinha como dar errado.

Chegou o dia da operação, 29 de outubro. Frank Tomer estava visivelmente nervoso. Já chegara na repartição antes de todo mundo, o que praticamente nunca acontecia.

– Ricardo, faça-me um favor, pegue o Kroll e vá com ele mais uma vez até o prédio. Quem sabe algo lhe chame a atenção, de repente o microônibus chegou mais cedo.

Bauer ainda estava cansado demais para discutir sobre o sentido ou a falta de sentido dessa saída. Limitou-se a acenar com a cabeça para o chefe, que estava parado na porta da sua sala.

Como sempre, Kroll chegou atrasado, e então eles partiram.

– Olhe, sinceramente não compreendo o estresse que Frank está gerando por causa dessa batida policial ridícula. Quem quer saber se tem umas vagabundas russas, ucranianas ou sei-lá-o-quê se prostituindo ali? Não estão atrapalhando ninguém. Faremos um tremendo carnaval, e no dia seguinte todas elas estarão soltas novamente e voltarão a fazer a mesma coisa.

– Klaus, você conhece a minha opinião, eu vejo isso de forma diferente. Mas vamos nos poupar dessas discussões agora.

– Você vai ver só, tudo será como estou dizendo, e depois teremos feito essa palhaçada toda em vão.

A Schleißheimer Straße, que os levava para fora da cidade, parecia interminável. Certamente não existia ninguém que a tivesse marcado como interessante num guia turístico de Munique. Pelo visto, em algum momento os planejadores da cidade haviam decidido transferir para lá tudo aquilo que não se queria ter no centro da cidade. Quartéis do exército, oficinas de carro, fábricas com prédios residenciais no meio, grandes, simples, baratos, para pessoas que não podiam permitir-se mais que isso. Quanto mais a rua avançava cidade afora, mais sombria ficava a paisagem. Levaram meia hora para chegar ao destino. O prédio de oito andares fora construído na década de 1960 e estava bastante degradado. O reboco das varandas estava esfarelando e, além de inúmeras antenas de satélite, Bauer não viu nada que lhe parecesse moderno. A seus olhos, o prédio era perfeito para um bordel ilegal. Em prédios como esse, com sua alta rotatividade de inquilinos e as mais diversas nacionalidades, os moradores mal se conheciam; além disso, cada qual cuidava de suas próprias coisas e não tinha nenhum interesse pelos vizinhos. Mesmo quando alguém suspeitava do bordel ilegal, uma ligação para a polícia certamente seria a última coisa a fazer. Já lhes bastavam os contatos com a polícia que eles mesmos tinham devido às suas vidas um tanto irregulares.

– Preciso sair do carro com você ou pode resolver isso sozinho?

Bauer não respondeu e saltou do carro. Dois meninos chutavam uma bola de futebol contra a parede do prédio, um vira-lata os rodeava e tentava pegar a bola. Não havia nenhum sinal de veículo com uma placa de Deggendorf. A caixa de correspondências do apartamento; que ele só conseguiu identificar com base no nome dos vizinhos, continha apenas um panfleto de propaganda. Também, quem enviaria uma carta para lá? Após alguns minutos, ele retornou à viatura.

– Encontrou alguma coisa?

– Não.

– Logo vi.

A essa altura, Bauer já vencera o seu cansaço matinal, mas, em vez de dar uma resposta, apenas lançou um olhar ambíguo ao companheiro.

Tomer os aguardava e, ao passarem pela sua sala, imediatamente os chamou.

– E então, Bauer, está acontecendo alguma coisa lá fora? – Pelo jeito, ele esperara que eles retornassem com uma imensa quantidade de novas informações, e portanto ficou visivelmente decepcionado ao saber do resultado do passeio. – Não tinha um carro suspeito, pessoas suspeitas, nada? – foi sua pergunta descrente.

– Não, Frank, não havia simplesmente nada que pudesse ser do nosso interesse. Trata-se de um prédio como centenas de outros, e não tinha nada. A não ser que interesse a você que um cachorro que latia um pouco estranhamente estava sendo levado para passear em frente ao prédio. Quem sabe, ele estava latindo em russo e tentando me dar uma dica que eu não entendi porque infelizmente só falo alemão.

Que o próprio Tomer saísse, se os considerava incompetentes.

– Obrigado, grande ajuda a sua, deixe que eu mesmo zombo de mim se for o caso.

A tensão de Bauer aumentava a cada hora que se aproximava da operação. Alex era o seu informante, e todos confiavam em suas declarações. Naturalmente, caso as informações estivessem incorretas, ele seria responsabilizado. Mas até agora Alex fora confiável, por que seria diferente desta vez?

A sala de reuniões estava cheia, havia mais de trinta policiais previstos para a operação. Estavam de pé, colados uns nos outros, só havia cadeiras para Bauer e os policiais de sua delegacia. Um jovem procurador público chamado Borger também viera para participar da batida. Cada equipe recebera a sua tarefa de Tomer.

– Assim que os policiais que eu escalei para a observação do prédio e da rua virem o microônibus de Deggendorf, prendam os passageiros de maneira que as pessoas no apartamento não possam mais ser avisadas. E então vocês do COE serão informados por nós e invadirão o apartamento. Prestem atenção para que ninguém mais jogue nada fora, vocês sabem com que rapidez eles jogam as suas drogas na privada. Os outros chegarão pela escada e vocês os deixarão entrar no apartamento. Alguma pergunta? – Tomer passou os olhos pelas fileiras de homens e da única mulher entre eles; alguns balançaram a cabeça. – Pois bem, então vamos começar.

Os homens do comando de operação especial, ou COE, eram policiais bem-treinados que eles sempre requisitavam quando se tratava da prisão de criminosos perigosos ou da invasão de apartamentos. Eles dominavam tudo que era necessário para tal, desde o rápido arrombamento de janelas e portas até uma boa pontaria. E também tinham o equipamento necessário.

Apesar de levarem apenas trinta minutos da delegacia até lá, partiram às 21h. Tomer dera essa ordem para o caso de o microônibus chegar mais cedo. Havia luz no apartamento, as cortinas estavam fechadas.

– Ao menos tem alguém em casa – disse Bauer, informando Tomer pelo rádio. – Não será tão ruim quanto da última vez.

Mais um rápido teste de todas as conexões de rádio, inclusive com os policiais do COE, e então não lhes restava nada além de esperar.

Vinte e duas horas. Um BMW azul passou por eles estranhamente devagar, tendo ao volante um homem de cabeça raspada que Bauer só conseguiu ver por um instante. Mesmo assim, julgava que já vira esse rosto uma vez, mas não tinha certeza.

– Vocês viram o BMW? Muito esquisito – ouviram Tomer dizer.

– Vi, irei verificar a placa, sob que nome está registrado. – A resposta da central veio rapidamente e não foi uma ajuda lá muito grande. – Louisa Gerner, Bauerstraße, nº 8, Munique – disse Tomer. Podia ser que o motorista tivesse pegado o carro emprestado com sua mulher. Bauer não ficaria surpreso se ele estivesse envolvido na história. A minoria dos bandidos tinha carros registrados em seus nomes, afinal não queriam facilitar tanto as coisas para ele e seus colegas. O BMW já desaparecera novamente, a tensão aumentava, mais trinta minutos.

No apartamento, que ficava no sexto andar, ainda havia luz. Os policiais do COE já estavam na laje havia muito tempo, tinham subido pela escada. Kroll, que acompanhava Bauer no carro, deu um largo bocejo.

– Vou morrer de rir se também der errado desta vez. Porque será muito divertido amanhã no escritório. – Kroll detestava horas extras, e por isso Bauer detestava participar dessas operações com ele. Mais cinco minutos – cinco minutos, segundo suas informações. Mas isso não significava muita coisa, todos sabiam disso, o microônibus poderia perfeitamente chegar uma hora depois. Pontualidade não era algo com que pudessem contar.

Capítulo 2

As grandes vitrines do supermercado na Müllerstraße, uma rua degradada com apartamentos e lojas próxima do centro da cidade, já estavam pouco iluminadas. O supermercado estava fechado, assim como o salão de beleza em frente. Apenas alguns carros atravessavam a noite.

Ouvia-se uma algazarra de vozes animadas pela cerveja do Olegs Schänke, o barzinho ao lado do supermercado. As cortinas verde-acinzentadas impediam a visão para dentro do bar, a porta aberta mal dava vazão ao ar carregado de fumaça dos cigarros. Tratava-se nitidamente do lar de muitos daqueles homens que se juntavam no bar ou ficavam jogando nos caça-níqueis. Suas vozes se misturavam com o tinir das moedas cuspidas pelos aparelhos.

Oleg, o proprietário do bar, e sua esposa Christina, uma cinqüentona fortemente maquiada, suavam atrás do balcão. Essa era a hora de ganhar dinheiro, entregavam uma tulipa transbordando de cerveja atrás de outra aos seus clientes.

– A que horas eles acreditam que chegaríamos? – perguntou um homem baixinho de barba rente no balcão ao seu vizinho, quase uma cabeça maior que ele.

– O quê? – perguntou este de volta, porque estava pedindo uma cerveja a Christina e não prestara atenção no outro.

– Eu disse, quando eles pensam que chegaremos.

– Acho que às onze. Estarão nos aguardando às onze horas. – O mais alto, cujos ombros largos estavam cobertos por um casaco de moletom com a inscrição "University of Michigan", pegou sua tulipa e brindou com o outro. – Não se preocupe, está tudo certo.

O outro não parecia convencido, formaram-se rugas em sua testa enquanto balançava a cabeça.

– Não confio em Josef, ele bebe demais. E quando ele está de porre, é melhor não contar com ele.

– Mas hoje não irá beber, pode ter certeza. Ele sabe o que Rado seria capaz de fazer com ele.

– Só acredito quando tudo tiver acabado.

– O que poderia acontecer? Fique tranqüilo, Rado organizou isto bem.

Brindaram.

– A Josef e aos canas. É realmente lamentável não podermos estar presentes.

Capítulo 3

Vinte e três horas. Nenhum microônibus à vista, e a própria rua agora já estava totalmente vazia. Bauer ficou inseguro. Será que Alex recebera informações erradas por parte de quem lhe dera a dica do microônibus? Até hoje, sempre estivera certo, mas isso seria uma garantia? Afinal, as informações sobre a existência do bordel ilegal neste prédio tinham vindo de outra fonte. Não adiantava, não tinham escolha, era preciso esperar – e não perder as esperanças.

Vinte e três horas e quinze.

– Acabou de passar um microônibus azul por mim. Não consegui ver a placa, mas poderia ser o veículo esperado.

Tomer estava nervoso, sua voz parecia agitada. Seu carro estava no começo da rua, de forma que era o primeiro a ver os veículos se aproximando. Bauer estava pensativo. Deve ser esse. Mas quando o microônibus passou por ele conseguiu reconhecer a placa de Munique, assim como a inscrição "Hortifruti Berler". Ao volante estava um homem de idade. Não era quem estavam aguardando. Ele informou Tomer, que apenas latiu um rápido "positivo" para dentro do rádio.

Vinte três horas e trinta. Nenhum sinal do microônibus, Tomer estava ficando nervoso.

– Bauer, o que acha, até quando devemos esperar? – perguntou Tomer.

– Penso que não devemos passar das 24 horas. Devemos entrar no apartamento, talvez as garotas e os caras tenham chegado mais cedo.

– Espero que hoje corra tudo bem.

Vinte e quarto horas. A paciência de Tomer tinha-se esgotado.

– Chega, vamos entrar. COE por fora, nós pela escada. Abram a porta para a gente assim que estiverem no apartamento.

– Positivo – comunicou o comandante de operação do COE.

Haviam conseguido uma cópia da chave da portaria e, num grupo de nove, foram da maneira mais silenciosa possível até a escada e o apartamento no sexto andar. O prédio estava em silêncio absoluto, apenas ouviram rapidamente a descarga de um dos apartamentos. Passaram correndo por carrinhos de bebê dobrados, guarda-chuvas abertos para secar. Ninguém dizia uma palavra. Após alguns minutos, estavam diante do objetivo. Ouviram um murmúrio de vozes de dentro do apartamento, um policial do COE abriu-lhes a porta. Tomer estava à frente de todos, o homem com roupa de combate dirigiu-se a ele com olhar perdido e ombros encolhidos.

– Parece que nos passaram um trote. Há apenas um homem no apartamento, supostamente o inquilino.

Como se não quisessem acreditar, todos invadiram o apartamento. Tinha pouco espaço, havia pessoal do COE por toda parte, as pistolas em punho. Um corredor estreito levava a quatro quartos, cada um deles mobiliado com uma cama de casal e um armário pequeno, tudo muito velho, cada qual com um carpete de cor diferente. Nas paredes, fotos de garotas nuas. Ao que parecia, a cozinha era usada apenas para fazer café; sobre o fogão havia uma grossa camada de poeira. Não havia dúvidas – o apartamento estava decorado exatamente para o propósito do qual suspeitavam. Mas isso de nada lhes adiantava.

Na sala, decorada com dois conjuntos de estofados esfarrapados de couro marrom e uma televisão, um homem de quarenta e poucos anos, que aparentava mais idade, estava sentado numa poltrona de camiseta de alça e calça de moletom, esforçando-se ao máximo para causar impressão de surpresa. Seus braços estavam cruzados por cima da barriga redonda.

– Será que alguém pode me explicar o que está acontecendo aqui?

Bauer achou a cena grotesca, serviria de inspiração para uma caricatura. Uma dúzia de policiais altamente treinados, na expectativa de encontrar um grupo de cafetões violentos, equipados com as mais modernas armas policiais em suas roupas de combate, em volta de um homem que não aparentava ter absolutamente nada de agressivo. Olhos interrogativos apontavam para ele, o silêncio dominava o ambiente, somente os aparelhos de rádio não estavam calados e chiavam de vez em quando.

Como ninguém respondera, já que ninguém se sentia no dever de falar nada, ele tomou coragem.

– E então, o que há? Eu moro aqui, sou registrado oficialmente, e não aprontei nada. – Fez um breve intervalo e, como ninguém respondeu, prosseguiu. – Ao menos nada pelo que eu já não tenha pagado. – Ninguém respondeu ao sorriso com ar de superioridade que exibia os seus dentes de fumante inveterado. O ambiente estava tenso.

Tomer olhou para Bauer, que estava tão atônito quanto os outros.

– O senhor trabalha em quê, para conseguir manter um apartamento de cinco cômodos? – perguntou Tomer com dureza. Aparentemente, queria ao menos tentar minimizar o constrangimento da situação. O homem virou a cabeça em sua direção e levantou-se, as mãos apoiadas nos quadris.

– Acredito, seu guarda, que isso não seja do seu interesse.

– O senhor pode me apresentar os seus documentos?

O homem tirou uma carteira de identidade manchada do bolso da calça e entregou-a ao policial mais próximo, que a pegou com as pontas dos dedos na borda mais externa.

– Josef Moosbauer – leu em voz alta.

O policial foi até um dos quartos para ficar a sós e solicitou, via rádio, a verificação da existência de algum indício contra o homem. Após alguns minutos, retornou balançando a cabeça e devolveu o documento.

– No momento, está limpo.

– Os senhores ouviram. Posso pedir a gentileza de se afastarem um pouco, porque eu gostaria de assistir a um programa de esportes. E os senhores estão parados bem em frente à televisão.

– Fique quieto, não seja tão arrogante. – Tomer visivelmente se esforçava para manter o controle. – Onde estão as mulheres que costumam trabalhar aqui, ou está querendo me dizer que é o senhor quem utiliza todos estes quartos? – Ainda não perdera por completo as esperanças de, quem sabe, conseguir descobrir alguma coisa.

– Não sei de que mulheres o senhor está falando. Adoraria se o meu barraco estivesse cheio delas, certamente seria muito divertido. Mas gosto de ter um apartamento assim, gosto de um pouco de espaço. Isso é um problema para o senhor?

Tomer olhou para Bauer com ar interrogativo e fez-lhe sinal para ir a um outro quarto com ele.

– Esse cara está me tirando do sério. Ele sabe exatamente do que estamos falando, mas o prepararam bem. O que acha, Ricardo, devemos levá-lo à delegacia para interrogá-lo?

– Até podemos fazer isso, mas não acredito que você consiga extrair alguma coisa dele. Ele não me dá a impressão de que isso o assustará.

– Está bem, vamos deixar pra lá. Maldita cilada, não é possível uma coisa dessas! – disse Tomer, gritando em seguida para os outros. – Colegas, missão interrompida!

– Espere, e como vai ficar a minha janela, isso precisa ser consertado. Quem é que vai pagar o conserto? – disse Moosbauer, dando um salto da poltrona, irritado.

– Bauer, dê-lhe um cartão de visita para ele nos mandar a conta. Não consigo mais olhar para esse cara – rosnou Tomer ao sair, sem voltar a olhar para o homem.

Todos deixaram o apartamento como um time de futebol que tivesse acabado de sofrer a maior derrota da temporada, ninguém dizia uma palavra. Tomer os aguardava em frente ao prédio.

– Não quero falar mais nada a respeito disso agora, mas espero cada um de vocês amanhã às 7h15 da manhã na delegacia, sem falta.

Como Kroll fora para casa com outro colega, Bauer estava sozinho no carro. Ele abriu a janela e, apesar do frio, o ar puro lhe fez bem. Como isso pudera acontecer? Quem fora? Os colegas de sua delegacia passaram-lhe diante dos olhos. De alguns deles se sabia que estavam em situação financeira apertada. Quem não o estava em Munique, com os aluguéis pela hora da morte? Mas será que alguém revelaria batidas policiais por isso? Algum dos seus colegas correria um risco desses, de perder o emprego, de se deixar extorquir por um criminoso? O barulho do motor interrompeu-lhe os pensamentos, sentiu-se cansado e exaurido. Hoje não conseguiria mais pensar nisso, e amanhã seria a vez de Tomer decidir que rumo as coisas tomariam.

Capítulo 4

Na manhã seguinte, 30 de outubro, todos estavam na sala de reuniões às 7h15. As mesas cinza de Resopal estavam arrumadas em U, do lado aberto haviam colocado uma mesa para Tomer. No parapeito de uma janela a cafeteira borbulhava, o agradável aroma não combinava com a tensão palpável para cada um. Até mesmo Claudia Strack já estava sentada em seu lugar, uma jovem comissária de polícia que trabalhava apenas três dias por semana, mas, ainda assim, nunca conseguia ser pontual.

Todos estavam curiosos, curiosos pela reação de Tomer à noite anterior. Ele chegou meia hora mais tarde, acompanhado por Richard Rockberg, seu chefe. Ambos sentaram-se na mesa à parte, e Rockberg retirou diversos papéis de uma pasta. Sem olhar diretamente para os policiais, Tomer começou a falar. Parecia calmo, mas o seu olhar cansado revelava que dormira pouco, se é que chegara a dormir.

– A Procuradoria está partindo do princípio de que há um traidor entre nós. Em poucos minutos, ela enviará policiais do departamento de investigação criminal para revistar os nossos escritórios à procura de provas.

O que quer que cada um deles tenha pensado sobre o que Tomer diria depois dos acontecimentos da noite, por isso ninguém esperara. Fazia silêncio absoluto, as xícaras de café permaneceram intactas sobre a mesa.

– Eu lhes digo abertamente que apóio totalmente essa ação, porque as coisas não podem continuar desse jeito. Precisamos, finalmente, esclarecer tudo para que possamos voltar a trabalhar normalmente.

Tomer levantou-se e deixou a sala sem olhar para ninguém.

Atônitos, os policiais se entreolharam. Uma revista em seus escritórios – para eles, enquanto policiais, o mais embaraçoso que podiam imaginar. Em vez dos criminosos, eles próprios é que estavam na mira. Levou algum tempo até os primeiros começarem a falar com os seus vizinhos. Antes de qualquer coisa, Bauer pegou mais uma xícara de café. Karl Bromberger, um chefe de polícia de cinqüenta anos de idade que já estava havia mais de dez anos na delegacia, sentou-se ao seu lado.

– Eu já vi muita coisa, mas essa é nova. – Furioso, balançou a cabeça. – Tomara que ao menos encontrem o canalha que vive nos entregando. – Bromberger falava tão alto que os olhares dos outros policiais, que continuavam calados em suas cadeiras, viraram-se em sua direção.

Bauer acenou a cabeça.

– Também espero que sim. – Pensou em cada um dos colegas. Poderia ser Bogner, sempre tão gentil e solícito que chegava a chamar a atenção? Ou Kroll, esse imbecil notório, sem-graça e desmotivado, ou...? Mas como encontrariam provas úteis numa revista? Quem seria tão burro a ponto de deixar documentos suspeitos no escritório?

Tomer retornou à sala de reunião.

– O procurador público deseja que agora cada um vá até a sua sala e esteja presente durante a revista. – Assim como os outros, Bauer foi até a sua sala, onde três policiais do DIC estavam revistando a sua mesa e a de Kroll. Nesse momento, o procurador entrou, e imediatamente dirigiram-lhe a palavra.

– Sr. procurador, acredito que tenhamos encontrado o que estamos procurando. – O policial que estava na mesa de Bauer pegou duas folhas de papel.

Rapidamente, o procurador pegou os dois comprovantes que o policial tinha em mãos, e leu-os.

– Quem é Ricardo Bauer? – perguntou aos presentes.

– Esse daí, está ao seu lado – comentou o policial corpulento apontando para Bauer.

– Venha comigo até a sala do seu chefe – gritou o procurador, com voz cortante, para Bauer. Acompanhado pelos olhares interrogativos dos colegas à sua volta, Bauer foi até a sala do seu chefe no outro lado do corredor. Tomer estava na porta da sala, um colega acabara de informá-lo do que havia sido encontrado.

– Sente-se – disse o procurador, e apresentou-se como "procurador-geral Hübner, do departamento de corrupção".

Bauer sabia que, devido aos inúmeros casos de corrupção na administração da cidade, principalmente no setor de construção, este departamento havia se transformado na repartição mais cobiçada pelos procuradores-gerais. Quem fizesse um bom trabalho ali aumentava consideravelmente as suas chances de ser promovido a juiz. Hübner devia ter uns trinta e poucos anos, trajava um terno azul-escuro e uma camisa branca cuja coloração no colarinho revelava que aquele não era o primeiro dia depois da sua última lavada. O cabelo caía-lhe sobre a testa. Para a sua idade, já parecia bastante acabado. Olheiras profundas, cuja coloração verde-marrom se destacava do seu rosto pálido, mostravam claramente que a ambição da carreira na Procuradoria-Geral tinha o seu preço. Sentou-se atrás da mesa de Tomer como se fosse a sua própria e acendeu um cigarro com exagerada tranqüilidade. A situação parecia agradar-lhe, não fazia a menor questão de disfarçar. Até mesmo na hierarquia dos criminosos, os policiais corruptos ficavam bem embaixo, talvez ainda acima dos pedófilos. E acabar com um deles, isso era nítido, era um acontecimento, um triunfo do qual ele queria desfrutar ao máximo.

Inclinou-se lentamente para frente, apoiou os cotovelos na mesa e soprou a fumaça no seu rosto, olhando Bauer nos olhos. Este se sentiu como num filme policial americano da década de 1960. Não havia dúvidas do papel que lhe haviam reservado ali.

– Estou supervisionando as apurações aqui. Como o senhor sabe, revistamos todas as salas desta delegacia, a sua também, já que existe suspeita de quebra de sigilo profissional. E encontramos um material interessante. O senhor pode nos explicar isto? – perguntou a

Bauer, apresentando-lhe dois extratos bancários do Schweizer Handelsbank. Até onde conseguiu compreender numa rápida leitura, no decorrer do último ano haviam sido feitos diversos depósitos com valores entre dez mil e 15 mil francos suíços naquela conta, por uma empresa de nome Tropa S.A. O último extrato apresentava um saldo de 68 mil francos suíços. Ao olhar para o campo "Titular da conta", faltou-lhe o ar: "Ricardo Bauer."

Inicialmente pensou que só poderia ser uma piada de mau gosto. Ele seria o titular de uma conta bancária na Suíça? Era simplesmente inacreditável.

– Encontramos isto na sua mesa, Sr. Bauer – prosseguiu o procurador. – Acredito que não haja dúvidas.

Bauer estava tão surpreso, que por um instante ficou sem saber o que responder.

– Não sabe o que dizer em relação a isso? Posso imaginar que por essa o senhor não esperava, não é mesmo? Que encontrássemos isto aqui. – Soprou uma grande nuvem de fumaça na direção de Bauer. – Não precisamos perder muito tempo com isso. Por enquanto, o senhor está preso por suspeita de corrupção e quebra de sigilo profissional.

Tomer, que até então não dissera nada e ficara de pé atrás de Bauer, olhou para ele naquele instante. Com uma voz que não deixava dúvidas de que queria demonstrar uma dureza impiedosa, gritou de cabeça quente.

– Dê-me a sua arma e a sua carteira de policial, o senhor está suspenso do serviço desde já. Não quero vê-lo aqui nunca mais. Para mim, o senhor é um caso encerrado.

Bauer sabia o que viria agora. Quantas vezes ele já não tivera bandidos sentados à sua frente, explicando-lhes que estavam presos, para, em seguida, levá-los até a cela. Jamais imaginara que um dia ele próprio estaria nesta situação. Tirou a pistola do coldre e colocou-a sobre a mesa em frente ao procurador. Este imediatamente a pegou e entregou-a a Tomer, como se temesse que Bauer mudasse de idéia e a apontasse na sua direção.

– A sua identidade, ande! – gritou Tomer.

Bauer retirou-a da carteira e entregou-a ao chefe sem olhar para ele. Sentiu dificuldades para levantar-se, como se tivesse levado uma tacada de beisebol na cabeça e no estômago ao mesmo tempo. Dois policiais do DIC levaram-no para a penitenciária do quartel-general onde, naquele dia, poucas pessoas haviam sido presas, de forma que ao menos estava só numa cela. A pequena janela permitia a entrada de apenas um rastro de luz para dentro do ambiente pintado com tinta cinza lavável, cuja decoração consistia em uma privada sem tampa e quatro tarimbas de metal. Sentiu nojo dos colchões e sentou-se no chão de pedra, apesar de gelado. Os policiais haviam-lhe tomado a chave de casa para fazer uma revista em seu apartamento também. Que bom, pensou ele, que Marion está no escritório, assim ela não seria obrigada a ver isso agora.

Mil coisas passavam-lhe pela cabeça. Como deveria contar isso tudo a Marion sem que ela se aborrecesse e talvez perdesse o bebê? Quem lhe armara essa cilada? Por que justamente ele? Se, em geral, ele acreditava mais ou menos em justiça, agora tinha sérias dúvidas. Como isso pôde acontecer, o que estavam fazendo contra ele ali? O comprovante seria uma falsificação ou realmente existiria a tal conta com esse saldo? Tinha dificuldades para organizar os pensamentos. Uma coisa era certa. Precisava esclarecer tudo o mais rápido possível.

Primeiramente, era importante sair dali, seria praticamente impossível fazer qualquer coisa estando na prisão. Portanto precisava convencer o juiz de instrução ao qual ele seria apresentado que não seria preciso mantê-lo preso. Mas quando seria levado a ele? Tinham tempo até o dia seguinte para isso.

Eram 11h, de modo que era pouco provável que eles resolvessem isso ainda naquele dia, mas às vezes também era bem rápido. Se ele não pudesse ir para casa à noite e Marion fosse informada por telefone da sua detenção, seria uma catástrofe. O que ele deveria dizer a ela? Que se tratava de um equívoco e que ele fora preso inocentemente? Ele, que sempre explicara a Marion nas diversas discussões que tiveram que só prendiam pessoas de cuja culpa estavam convictos, e agora justamente ele se tornaria vítima de um engano da justiça? Como esperar que ela acreditasse nisso?

O frio do chão subiu-lhe pelo corpo, estava tremendo. Olhava repetidas vezes para o relógio, a impaciência aumentando a cada hora. E então ouviu passos em frente à sua cela, alguém abriu a porta.

— Saia, nós o levaremos ao juiz de instrução.

Bauer reconheceu os dois policiais que o haviam trazido para a cela.

Quando viu o procurador-geral, que já o aguardava na sala do juiz, o ponteiro do relógio de parede marcava 15h. Bauer conhecia o juiz de diversas instruções criminais. Imaginava que ele tivesse mais de sessenta anos, provavelmente estava às vésperas da aposentadoria. Com a sua densa cabeleira grisalha e a toga preta, imprimia um ar soberano. Na realidade, não era muito bem-visto entre os policiais, que o consideravam muitas vezes indulgente demais. Contudo desta vez brotou um fio de esperança em Bauer ao vê-lo. Talvez pudesse tirar proveito daquilo. O juiz o reconheceu imediatamente quando entrou na sala e ergueu as sobrancelhas. Bauer sentou-se à sua frente na mesa e escutou seus esclarecimentos acerca dos seus direitos como acusado.

— Sr. Bauer, não pretende chamar um advogado para este interrogatório?

Nem pensara nisso. Deveria ligar para alguém agora? Qualquer erro que cometesse poderia levar o juiz a decretar sua prisão preventiva. Entretanto ele também sabia que não lhe restava mais tempo para envolver um advogado, se quisesse ser liberado ainda hoje.

— Não, acredito que eu consiga me virar sozinho.

O procurador-geral leu rapidamente a acusação contra Bauer. Ele o acusou de revelar batidas policiais em troca de dinheiro, tornando-se culpado por quebra de sigilo profissional e corrupção.

— O que me diz a respeito? — perguntou o juiz, cujo olhar desconfiado durante o discurso do procurador deixou Bauer esperançoso. Talvez tivesse a chance de o juiz considerar as acusações no mínimo equivocadas, uma vez que certamente não se encaixavam na imagem que tivera dele até então.

— Sei que no momento a situação não está a meu favor, mas posso garantir que não faço idéia de quem possa ter aberto essa conta na Suíça e a quem ela pertence; eu é que não sou. Acredite o senhor ou não, nunca na minha vida estive em Zurique. Talvez esse extrato seja uma falsificação e essa conta sequer exista. Eu posso...

O procurador o interrompeu.

– Nós já nos informamos junto ao banco, o extrato não é falsificado, a conta existe. Entretanto só receberemos o saldo dentro de alguns dias, já que precisamos de uma decisão judicial para isso.

Uma esperança a menos, pensou Bauer. Olhou novamente para o juiz, que o fitava, concentrado.

– Em momento algum eu revelei uma batida policial. Peço que o senhor ao menos não decrete minha prisão preventiva. Minha esposa está grávida, e temo que ela possa perder o bebê se souber que estou sendo investigado. Tenho certeza de que muito em breve todos saberão que alguém armou para mim esses documentos e que eu não tenho nada a ver com o caso.

Pelos olhos do juiz, Bauer reconheceu sua indecisão. Seu olhar passou por ele.

– Sr. procurador, eu conheço o Sr. Bauer faz alguns anos. Sinceramente, me incomoda, neste caso, o fato de os extratos terem sido encontrados em sua mesa de trabalho. Não acha um pouco curioso que uma pessoa que se deixa subornar guarde as provas no seu escritório?

– Sr. juiz, não encontramos extratos bancários apenas em sua mesa. Na lixeira do prédio em que reside também encontramos um mapa de Zurique e diversos panfletos de hotéis.

Bauer não ouvira nada disso até então. Sentiu uma forte pressão no estômago e temia vomitar a qualquer momento. O juiz olhou para ele com ar interrogativo.

– Sr. juiz, provavelmente esteja percebendo, essa história realmente me faz lembrar um filme. Eu não tenho como lhe explicar tudo isso. Só posso dizer que deve haver alguém que está fazendo de tudo para que a suspeita recaia sobre mim, e essa pessoa está sendo muito esperta.

O juiz recostou-se na cadeira e tirou os óculos para limpá-los com um lenço. Estava lutando consigo mesmo, todos os presentes na sala perceberam, era evidente que a decisão não era fácil para ele.

– Preciso confessar que também sinto dificuldades em acreditar na acusação da Procuradoria contra o senhor. Por outro lado, sou obrigado a ver que não há como desmentir as provas. No momento, o senhor já está bastante castigado com a suspensão do trabalho. Portanto, por ora deixarei de expedir um mandado de prisão contra o senhor. Não concordo com o perigo de fuga alegado pela Procuradoria-Geral devido à sua situação familiar, e o montante existente nessa conta bancária suíça, segundo o extrato, não seria suficiente para financiar uma fuga mais prolongada. – Interrompeu o discurso e inclinou-se para frente sobre a mesa. – Ao mesmo tempo, entretanto, vou avisar desde já: se o senhor tomar qualquer atitude no sentido de destruir provas ou influenciar testemunhas, é certo que a Procuradoria-Geral irá requerer imediatamente um novo mandado de prisão, e este eu seguramente mandarei expedir. Portanto, aguarde o que as investigações dirão. Se as suas afirmações estiverem corretas, em breve estarão comprovadas.

Fechou a pasta, dando a entender a todos os presentes que não desejava mais discussões.

– Sr. juiz, penso que o senhor deveria...

– Sr. procurador-geral, neguei o seu requerimento, e portanto não faz sentido continuarmos discutindo a respeito. Assim que o senhor tiver novos fatos e acreditar que seja preciso um mandado de prisão, nada impede que faça um novo requerimento. Gostaria de pedir a todos que deixem a sala, ainda tenho muito trabalho a fazer.

– Sou-lhe muito grato, Sr. juiz – foi a única coisa que Bauer conseguiu falar. Levantou-se e foi até a porta, onde o seu olhar encontrou o do procurador, que veio em sua direção e parou desconfortavelmente perto dele.

– Teve sorte hoje, Sr. Bauer, mas posso lhe assegurar que iremos até o fim, este caso não me deixa dúvida alguma. – O procurador revirou sua pasta, retirou a chave do apartamento apreendida e, contrariado, devolveu-a a Bauer. – Trate de arrumar um bom defensor, certamente precisará de um – acrescentou num tom de voz irônico e deixou a sala do juiz com passos ligeiros.

Bauer ainda o acompanhou por um instante enquanto andava rapidamente pelo corredor frio até o elevador. Tinha agora um adversário pessoal para quem só existia vitória ou derrota e que não mediria esforços para manter a razão até o fim, em nome da carreira. Certamente não poderia contar com ele para investigações a seu favor. Saiu do quartel-general da polícia por uma porta lateral e sentou-se num banco na rua de pedestres a poucos metros dali. Era a única pessoa sentada no banco, o seu corpo continuava totalmente gelado. Surgiram nuvens escuras de temporal, a qualquer instante poderia começar a chover. As pessoas passavam correndo por ele como se faltasse tempo para tudo, mas ele não olhava para elas. Agora estava sentindo como as últimas horas o haviam abalado.

Com quem poderia falar, quem poderia ajudá-lo, por onde deveria começar? Primeiramente seria preciso procurar um advogado, até mesmo para ter uma pessoa experiente com quem conversar; afinal, agora se encontrava em terreno desconhecido. Qualquer erro que cometesse poderia comprometê-lo mais para frente. Até então só tinha movido uma ação contra uma seguradora depois de um acidente de carro, e o seu advogado à época já se aposentara. Precisaria se informar quem era bom. Não lembrou de mais ninguém a quem pudesse perguntar além de Alex, seu informante. Se existia uma pessoa que mantinha muitos contatos com advogados, eram ele e seus amigos.

— Me diga, que besteira foi essa que vocês fizeram? – disse Alex, quando finalmente conseguiu falar com ele no celular após diversas tentativas. – Na próxima vez, mandarei escrever no jornal quando eu tiver um cara, porque vocês não mantêm nada em segredo mesmo, seus especialistas!

Bauer respirou fundo antes de responder.

— Alex, me poupe, não tenho tempo agora para falar com você sobre isso, mas estou precisando de um bom advogado. O resto eu conto mais tarde.

Bauer tivera absoluta certeza de que isso naturalmente seria um clímax total para Alex, quando ele, o policial, está precisando de um advogado por estar em dificuldades. Mas que tivesse o seu momento de alegria, não havia como mudar isso agora, desde que ele ao menos pudesse ajudá-lo.

– Está bem, não farei mais perguntas, mas você precisa me prometer que, numa oportunidade próxima, irá me contar tudo nos mínimos detalhes. Anote o telefone do Dr. Keufer, este é excelente mesmo. Não é um daqueles que lhe tira o dinheiro e depois não serve de nada. O cara é realmente esperto, já ajudou vários amigos meus. E também tem boas idéias quando outros já chegaram ao seu limite.

Bauer anotou o número, prometeu contar tudo a Alex o mais rápido possível e ligou para o Dr. Keufer. Não deu sorte, o advogado estava em uma audiência e, segundo a sua secretária, só estaria no escritório no dia seguinte.

Sem rumo, caminhou pela rua de pedestres, a inquietude na cabeça transferiu-se para o corpo. Esperar era a última coisa que queria naquele momento, mal podia suportar. Cada hora a mais aumentava a sua sensação de impotência, de não conseguir controlar mais os acontecimentos na sua vida, de estar entregue. Precisava intervir, interromper o desenvolvimento, descobrir a verdade. O que aconteceria com ele agora? Existiam mais supostas provas? Qual seria o próximo passo daqueles que haviam conspirado contra ele?

Bauer entrou no Café Guglhupf, nas proximidades da rua de pedestres, que nunca antes lhe chamara a atenção apesar de já ter passado por ali várias vezes. Nas mesas vizinhas, mulheres mais velhas conversavam animadamente. Não se lembrava da última vez em que tomara álcool à tarde, devia fazer anos. Mas estava sentindo vontade, queria acalmar-se. Uma mesa no canto acabara de ser liberada, ele pediu um café com conhaque. Mais um pouco, e veria Marion.

Deveria contar a ela? Que chance tinha de ela acreditar nele? Sempre as mesmas perguntas, sem respostas até agora. Apenas ela poderia dizer, mas por que preço? O seu aborrecimento ameaçaria a gravidez? Não dissera uma vez a ela que gostaria de ter mais dinheiro para poder comprar um carro novo? Ela se lembraria disso? Seria melhor contar tudo a ela só depois de conseguir provar a sua inocência?

Mas até lá ainda seria um longo caminho. Nas semanas seguintes precisaria de tempo para investigar por conta própria. Não queria contar com as investigações dos colegas, para isso não conhecia suficientemente os policiais do DIC encarregados do caso. Não tinha como saber se trabalhavam bem. Lembrou-se do homicídio que causara revolta no último verão. A polícia prendera o ex-marido da vítima, uma jovem grega, uma vez que ele se contradissera quanto ao seu álibi. O homem cumprira três meses de prisão preventiva. Os dois haviam brigado veementemente por pagamentos de pensão, ninguém tivera dúvidas quando à autoria do ex-marido. Até o dia em que, em um assalto a uma casa, prenderam um homem que estava com o cartão de crédito da vítima assassinada. Uma semana depois ele confessara o crime; a delegacia de homicídios, envergonhada, admitira sua falha na época.

O que impediria que também trabalhassem assim no seu caso? E o procurador-geral não deixara dúvidas de que para ele o caso estava praticamente encerrado. Bauer olhou pela janela do café para a rua, onde os motoristas já haviam ligado os faróis.

– Queria fechar a conta, por favor, meu expediente acabou. – Impaciente, a garçonete estendeu-lhe a conta. Ele pagou e foi até o seu carro.

O nervosismo aumentava a cada minuto, sentia o sangue pulsar em suas artérias. Mais meia hora apenas até chegar em casa. O trânsito vespertino começara, longas filas de carros arrastavam-se lentamente de cruzamento a cruzamento. Mas estava até gostando da lentidão dos carros.

Faltavam poucos metros para o seu apartamento, quando viu que ainda não havia luz. Primeiramente, foi até a sala. Acabara de deitar-se no sofá e ligar a televisão, quando ouviu a chave.

– Olá, Ric, como foi o seu dia? – perguntou Marion enquanto se aproximava dele e dava-lhe um beijo.

– Obrigado, amor, nada de mais, só estou muito cansado.

– Posso imaginar, hoje também estou bem exausta.

Voltou a olhar para a televisão para que os seus olhares não se cruzassem. Estava passando um daqueles programas de música folclórica em que músicos sorridentes passavam sobre pequenas pontes com seus trajes típicos coloridos e cantavam para um mundo embebido de amor. Em qualquer outro dia assistiria a isso somente até o seu dedo encontrar a próxima tecla do controle remoto. Mas hoje não lhe importava, desde que Marion não notasse o seu humor.

– Quer comer alguma coisa? – gritou ela da cozinha.

– Não, obrigado, ainda estou satisfeito do almoço.

Foram dormir cedo. Marion por estar cansada, e ele, para ganhar tempo. A manhã o surpreendeu, sentia-se cansado, mais que o normal. Restavam-lhe apenas alguns minutos para crer que o dia anterior e os pensamentos da noite tivessem sido irreais, e então a realidade o alcançou novamente. Marion já estava a caminho do trabalho. Como de costume, queria pegar a sua carteira de policial e a sua arma que sempre ficavam ao lado da sua cama. Mas não havia nada ali, tinham-lhe tomado ambas – agora ele estava do outro lado. Que sorte, pensou, Marion não ter notado a ausência da pistola.

Por sorte, o Dr. Keufer estava no escritório quando ele telefonou, marcando imediatamente uma reunião para aquela mesma manhã. O advogado pareceu-lhe simpático. Com seus cinqüenta e cinco a sessenta anos, parecia esportivo e espontâneo. Ao contrário da maioria de seus colegas, não enforcava o pescoço com uma gravata, mas até se permitia deixar o primeiro botão da camisa aberto. Mantinha curtos os cabelos grisalhos que lhe restavam, o que lhe conferia uma certa dinâmica esportiva. O seu semblante era aberto, cumprimentou Bauer com um forte aperto de mão e convidou-o a entrar.

A decoração do escritório do Dr. Keufer, onde, além dele, trabalhava mais um colega, era finamente decorado com móveis antigos da virada do século.

– Aceita um café?

– Sim, obrigado. – Pela primeira vez nos últimos dois dias, Bauer sentiu-se um pouco mais relaxado, o advogado irradiava tranqüilidade. Viu uma jukebox velha que estava num canto da sala.

– Um cliente me deu há muitos anos porque ficou sem dinheiro para pagar a minha conta. Na realidade, não quis aceitar, mas hoje em dia eu gosto dela. Nunca a testei, mas deve funcionar, em todo caso tem discos dentro ela.

Bauer desviou o olhar da jukebox. O Dr. Keufer fez sinal para que ele se sentasse na cadeira em frente à escrivaninha.

– O que o traz ao meu escritório? No telefone, o senhor apenas me disse que é policial e que está com um problema para o qual precisa urgentemente do auxílio de um advogado.

Bauer relatou-lhe detalhadamente o que acontecera nos últimos dias. O Dr. Keufer fez várias anotações e, de vez em quando, franzia a testa. Bauer teve a impressão de que ele oscilava diversas vezes entre a admiração descrente e a curiosidade por este caso incomum.

Quando Bauer terminou, o advogado largou suas anotações e olhou para ele com insistência. Aparentemente buscava as palavras adequadas.

– Não sei quantas vezes o senhor já teve contato com um advogado, mas posso lhe dizer que para mim a sinceridade do cliente está acima de tudo. Ou seja, se o senhor deseja que eu o defenda, espero que me diga a verdade, sem poréns nem entretantos. O senhor mesmo sabe que a sua história parece quase inacreditável e que no momento praticamente tudo o acusa. Mas se o que me contou for verdade e o senhor não tiver nenhum envolvimento com essa história, certamente conseguiremos provar isso. Mesmo que tenha de fato recebido dinheiro nessa conta suíça, podemos fazer algo pelo senhor, mas preciso saber isso agora.

Bauer hesitou. O advogado estaria acreditando em sua história ou também o considerava corrupto? Como poderia defendê-lo com sucesso?

– Dr. Keufer, compreendo que tenha dúvidas quanto à minha versão. Mas juro que não abri conta alguma na Suíça, nem revelei nenhuma batida policial. – O advogado recostou-se na cadeira, esfregou o queixo com a mão, pensativo, olhando para Bauer, sem mover um músculo da face. Este prosseguiu: – Agora cabe ao senhor acreditar em mim ou não. Caso não acredite, sairei imediatamente.

Bauer sentiu dificuldade em manter a calma. Ele, o policial acostumado a duvidar das declarações dos bandidos, agora era dele que estavam duvidando. O advogado parecia perceber isso.

– Por favor, não me leve a mal, Sr. Bauer. Compreendo bem sua revolta e, apesar da minha boa-fé já ter me deixado na mão uma vez ou outra, acredito no senhor. O senhor não me passa a imagem de um policial corrupto. Mas antes que nos aprofundemos preciso falar da questão financeira, já que o caso certamente demandará um investimento maior de tempo, e, conseqüentemente, haverá alguns custos para o senhor. Pode me adiantar cinco mil euros?

Nisso Bauer não tinha pensado, mas naturalmente sabia que os seus bandidos sempre eram obrigados a pagar adiantado. E neste momento ele não era considerado nada diferente disso. Sem palavras, preencheu um cheque e o estendeu ao advogado por cima da mesa.

– Bem, agora devemos pensar em como agiremos, ou seja, desenvolver um plano para os próximos passos. – Bauer conseguira fazer uma cópia de um dos extratos bancários confiscados, de forma que ele tinha os dados importantes. – O que não está claro para mim. Quando o senhor acha que este extrato foi colocado na sua gaveta? Se um dos autores do crime já o colocou lá há algumas semanas, ele certamente temeria que o senhor mesmo o acabaria encontrando, e não teria alcançado o seu objetivo.

– Que eu me lembre, eles encontraram o extrato na última gaveta da minha mesa, uma gaveta que eu nunca uso. Mas também acho possível que tenha sido colocado somente na noite após a última batida fracassada, imediatamente antes da revista. Depois daquela ação, todos nós tínhamos certeza de que alguma coisa precisaria ser feita. Não achei que chegasse a uma revista, mas talvez a pessoa que fez isso soubesse mais do que eu. E qualquer um podia entrar sem problemas na minha sala e mexer na minha mesa durante a noite. Nunca tranquei nada.

– Compreendo, e da mesma forma essa pessoa pôde jogar as coisas no lixo sem que o senhor notasse alguma coisa.

– É, acredito que sim, essa poderia ser uma explicação.

– Bom, antes que continuemos pensando na estratégia da defesa, devemos descobrir quem abriu a conta e quem efetuou os depósitos. O que acha do procurador-geral? Acredita que ele esteja acompanhando o caso com insistência?

Bauer lembrou-se das últimas palavras do procurador, quando este lhe sugerira procurar um bom defensor.

– Tive a impressão de que o caso estava encerrado para ele, do jeito que ele falou comigo. Não quero contar com ele de forma alguma.

– Bom, ou melhor, nada bom. Infelizmente também não tive boas experiências com a Procuradoria fazendo investigações no exterior. Na maioria das vezes, levava uma eternidade. Além disso, nem tenho certeza se eles se esforçariam para tanto, com essas provas supostamente tão evidentes. Mas, independentemente disso, o senhor não tem esse tempo todo, principalmente pela sua esposa, se o compreendi bem.

– É, deveríamos tentar avançar o mais rápido possível. Quero evitar, de todo jeito, que minha esposa fique sabendo, por causa da gravidez. Mas isso não será possível por tanto tempo.

O advogado não respondeu de imediato, seu olhar passou por Bauer em direção à janela.

– Infelizmente, também não posso dar um palpite quanto à sua mulher, certamente ambas as atitudes podem ser erradas ou corretas, falar a verdade ou não. Resta-nos apenas fazer de tudo para descobrir a verdade. Talvez, neste caso, precisemos fazer uso de métodos menos comuns que o senhor talvez conheça.

– O que quer dizer?

– Estou pensando num detetive que poderíamos chamar – respondeu o Dr. Keufer. – Com relação a esses documentos do banco, por exemplo, ele poderia nos ajudar a descobrir quem abriu a conta em seu nome. Não conseguiremos saber isso sozinhos.

– Nunca trabalhei com pessoas assim. O senhor conhece alguém que possa recomendar? – perguntou Bauer, desconfiado.

– Posso apresentá-lo a um detetive com quem já trabalho há alguns anos. Ele provavelmente poderia nos ajudar nesse caso. Mas não quero intrometer-me demais, talvez o senhor mesmo tenha contatos que possam nos ajudar aqui.

Bauer não sabia o que pensar dessa idéia. Não tinha experiência alguma com esse tipo de gente, mas o que ouvira até então não o impressionara muito; muitos deles pareciam ser policiais impedidos ou envolvidos com o mundo do crime.

O advogado percebeu que Bauer tinha as suas dificuldades com isso.

— Naturalmente, a decisão é sua, mas sem detetive ficará complicado, disso eu tenho certeza.

Bauer tomou um gole do café, que já estava frio.

— Considera esse homem de confiança? Espero que não me entenda errado, mas para mim é muito importante que nada disso caia em mãos erradas, principalmente nas da imprensa.

— Até onde posso julgar, ele é de confiança, ao menos o conheci assim. Esse pessoal sabe que não será chamado por mais nenhum advogado em Munique se revelar algum segredo à imprensa uma única vez. E quem gosta de cavar a sua própria cova? Penso que deveria ao menos conhecê-lo, e então o senhor mesmo decide.

Bauer concordou, e marcaram, para o próximo dia, um encontro no escritório para o qual o advogado também pretendia chamar o detetive.

Eram 11h30, e Bauer saiu do escritório com a sensação de não saber muito mais do que sabia duas horas antes; em compensação, estava cinco mil euros mais pobre. Por enquanto ainda estava recebendo salário, mas precisava contar com uma redução a qualquer momento. Contudo, de certa forma fizera-lhe bem contar a sua versão da história para alguém, sobretudo por sentir que o advogado acreditava nele. Queria agora ir até a repartição, conversar com os colegas, tentar convencê-los da sua inocência. Não se conformava. Por que os seus superiores não acreditavam nele, como este advogado? Mas, se fosse até lá, o que deveria dizer a eles? "Não fui eu, vocês não me conhecem?" Era absurdo. Além disso, ficara proibido de entrar no prédio durante as investigações. E não tinha como saber quais dos colegas contariam com o seu regresso depois de tudo acabado. Não podia fazer nada até o dia seguinte, então ligou para Alex para se livrar dessa conversa. Ele ao menos deveria saber o que acontecera, afinal não era culpa sua ter dado tudo errado.

Capítulo 5

O vôo de sexta-feira à noite da Austrian Airlines decolou, como quase sempre, um pouco atrasado. Hoje foram vinte minutos. Um homem levemente grisalho de testa alta, cuja idade podia ser algo entre os cinqüenta e os sessenta, estava sentado na penúltima fileira. Estava ansioso. Nervoso, apertou o cinto de segurança. Já conhecia vários passageiros, que, assim como ele, utilizavam este vôo regularmente, entre eles uma mulher de idade na primeira fila que sempre trajava um conjunto moderno e muitas jóias, e o homem gordo de calça e casaco de moletom que parecia uma criança inflada e passava os dedos no cabelo sem parar, enquanto ajeitava uma grande bolsa de viagem debaixo do banco da qual ele não tirava os olhos.

O assento do homem na penúltima fileira era da categoria mais barata. Esses vôos quinzenais para Viena já lhe custavam tanto dinheiro que não poderia pagá-los com o seu salário regular. Olhou para o relógio, mais 45 minutos, em seus pensamentos já via os seus cachos acastanhados se destacando da multidão de tantas pessoas que aguardavam no aeroporto, esperando que ele viesse e passasse o fim de semana com ela. Encontrara Eva pela primeira vez havia dois anos, quando fora chamado para testemunhar contra um contrabandista de carros alemão numa audiência em Viena. Ela fora convocada para ser jurada no tribunal, depois por acaso ficaram lado a lado em frente ao tribunal e começaram a conversar.

Ele tivera a tarde livre, o seu vôo de volta estava reservado apenas para a noite, e então foram a um café próximo à catedral de Santo Estêvão. Ela lhe falara de sua galeria de artes, das vernissages que organizava, e, apesar de ele nunca ter se interessado por artes, prestou atenção em suas histórias, fascinado. Seu jeito temperamental e sua beleza o impressionaram, não conseguira mais desprender o olhar daqueles olhos cheios de vida, do rosto delicado envolto por cachos castanhos, a boca sensual com seus lábios cheios, o pulôver preto que contornava os seus seios volumosos, e sua voz, cujo som suave o tocara profundamente.

Fora tomado pela sensação de ter encontrado a mulher pela qual esperara por toda sua vida. Lembrara de Rado e do dinheiro que recebia dele. Com ele, também conseguiria impressionar uma mulher assim. Duas semanas depois voara novamente para Viena e a visitara em sua galeria. Orgulhosa, ela lhe mostrara todos os quadros expostos, todos de pintores modernos que ele não conhecia, mas isso não vinha ao caso, sua proximidade lhe bastava. Ela o convidara para jantar em seu apartamento, de onde ele não saiu mais até a manhã seguinte. Seu desejo parecia não ter limites, na cama ela amava extasiadamente, parecia esquecê-lo, mergulhar num mundo desconhecido para, em seguida, voltar para ele com intensidade ainda maior. Nunca antes vivera algo comparável, tudo lhe parecia um sonho, de fato irreal.

Ela o chamava de "meu Rendörcse", o que, em sua língua, significava "meu policialzinho". Ele sentia como ela estava orgulhosa por ele. Lembrava do seu casamento com sua ex-mulher Roswitha. Haviam-se casado muito jovens, ele com 25, ela, 19, talvez tivessem sido apaixonados, ele já não sabia mais. Mas isso se transformara em rotina, não tinham mais interesses em comum. Roswitha se entregara, não cuidara mais de seu corpo, no final se odiavam. Um repreendia o outro por ter-lhe roubado a vida.

Eva lhe contara que era da Hungria e que aos 25 anos se casara com um empreiteiro vienense que financiara sua galeria. Entretanto o casamento durara pouco, já estavam divorciados havia três anos. Desde a separação, estava em dificuldades financeiras. Ele percebera que isso feria demais o seu orgulho.

Inicialmente hesitara, mas, após alguns meses, oferecera-lhe assumir o aluguel da galeria.

— Meu Rendörcse, não posso aceitar isso de você – fora sua primeira resposta, mas depois acabara concordando.

Pelas suas palavras, ele sabia que ela pensava que, como policial, ele teria um salário tão bom que o valor do aluguel, que afinal correspondia a um quarto da sua renda, não lhe faria falta. Ele temia perdê-la caso dissesse a verdade. Apenas mais alguns meses, talvez mais um ano, e então teria poupado tanto dinheiro que poderia aposentar-se prematuramente e mudar-se para perto dela. Rado já o apresentara a um médico que poderia lhe passar o atestado necessário.

O pouso duro do avião o arrancou de seus pensamentos, gotas de chuva escorriam pelas janelas. Sentiu a excitação, apenas mais alguns minutos até ela.

Capítulo 6

— Agora estou realmente curioso para saber o que está acontecendo com vocês — exclamou Alex quando Bauer telefonou para ele.

— Se quiser, podemos nos encontrar na hora do almoço no Janos.

— OK, estarei lá à uma hora.

Bauer comprou um jornal na banca mais próxima, depois foi para o café e esperou. Um bonde havia descarrilado, a feira de Natal começara a ser montada, e os meteorologistas contavam com um Natal branco. Todas essas histórias não eram suficientes para entretê-lo, seus pensamentos permaneceram ali, de onde ele na realidade queria despistá-los.

Quem dos seus colegas poderia ser? Kroll, tão evidentemente desinteressado pelas suas operações? Ele conseguiria organizar uma operação tão brilhante? Difícil imaginar. Ou Beckmann, que chegara havia apenas alguns meses à repartição e de quem se dizia que gostava de freqüentar cassinos nos fins de semana? Ou os outros, Glaser, o velho chefe de polícia, sempre em cruzeiros no Natal, Gorbel, o recém-divorciado, que fora obrigado a mudar-se de sua casa para um pequeno apartamento?

Assustou-se quando Alex subitamente apareceu em frente à sua mesa. Este parecia explodir a qualquer instante de tanta curiosidade, sentou-se à mesa num estado de feliz excitação.

— Os garotos estão se matando de rir de vocês. Conte-me, o que aconteceu ali? E por que está precisando de um advogado agora, por que justamente você?

Bauer não estava com a menor vontade de contar toda a história novamente, portanto limitou-se à versão resumida. Alex franziu a testa e balançou a cabeça.

— Que loucura o que estão fazendo na sua repartição. Mas afirmar que você teria revelado a coisa é o fim da picada. Esses caras não estão batendo bem da cabeça, não é?

Bauer encolheu os ombros.

— Qualquer um pode abrir uma conta dessas, basta uma identidade falsificada com a sua foto, depositar alguns francos, e pronto. E o seu pessoal cai numa dessas? Que bela equipe a de vocês! – Em determinadas situações, Alex ficava bastante irritado, principalmente quando se tratava de falhas policiais. E, na sua opinião, esta era uma delas, ele parecia não ter dúvidas.

— Não será tão simples provar minha inocência. Para cada situação, preciso lhe apresentar o verdadeiro culpado, senão a coisa complica. Você ouviu mais alguma coisa sobre isso, Alex?

— Não, apenas que todos estão caçoando de vocês. A cena no apartamento com esse cara deve ter sido um barato.

— Será que você consegue descobrir por que o apartamento estava vazio?

— Não posso lhe garantir. Depois do ocorrido, todos estão mais cuidadosos com o que dizem. Mas posso tentar.

Bauer olhou para Alex com firmeza.

— Eu preciso saber o que houve ali, o mais rápido possível.

— Não precisa enfatizar isso para mim, Bauer, não sou burro. Já entendi em que merda você está enfiado e que quer sair dessa o mais rápido possível. Se eu souber de alguma coisa, direi a você. Esteve com o Dr. Keufer?

— Estive, obrigado pela dica, fui lá hoje de manhã. Vamos ver o que ele pode fazer por mim.

Bauer ficou contente de ao menos Alex não duvidar da sua honestidade. Se, em outras situações, ele sempre tentava manter uma certa distância de pessoas como ele, neste momento sentia-se muito bem por ter conversado com o seu informante.

À noite, teve novamente a sorte de Marion ter ido a um encontro com alguns colegas. Quando ela chegou, ele já estava deitado na cama. Mais uma vez, dormiu mal, estava começando a odiar aqueles que lhe tinham causado essa situação. Precisaria de progressos no dia seguinte; não queria viver outro dia como aquele.

Capítulo 7

Ao chegar ao escritório do advogado, o Dr. Keufer já o aguardava com o detetive em sua sala. Na sua imaginação, de certa forma esperava encontrar uma figura como aquelas que conhecia dos filmes policiais da televisão, com casaco de couro velho, olheiras profundas e um nariz vermelho de pinguço. O casaco de couro combinava, mas de resto o homem que o advogado lhe apresentou como Klaus Port não correspondia às suas referências cinematográficas. A idade era mais ou menos a de Bauer, a altura também era mais ou menos a mesma. Alguns fios grisalhos permeavam o cabelo escuro e semilongo. Um bigode fino realçava a boca e conferia ao rosto uma expressão de seriedade. Acima do olho direito havia uma cicatriz marcante. O forte aperto de mão com que foi cumprimentado chamou a atenção de Bauer.

Num misto de apreensão e curiosidade, ficou parado de frente para os dois. O advogado apontou para uma mesa de reuniões no canto da sala.

– Por favor, senhores, sentem-se. Deixem-me apenas tirar estas pastas rapidamente, e já podemos começar. – A secretária serviu-lhes café, e então o Dr. Keufer assumiu a palavra. – Sr. Port, já lhe relatei o caso resumidamente. Peço que o senhor fale rapidamente a seu respeito e em seguida explique ao meu cliente, Sr. Bauer, o que sugere.

Port observou Bauer com um breve olhar, e começou a falar:

– Posso imaginar que para o senhor, Sr. Bauer, seja pouco comum trabalhar com alguém da minha área. Contudo eu trabalhei na polícia durante 14 anos em Nuremberg, portanto também sei como as coisas funcionam no seu trabalho. Muitas vezes é bom que as pessoas de fora não saibam de tudo.

– Por que o senhor parou de trabalhar lá? – interrompeu-o Bauer.

– Pedi demissão naquela época porque cansei desse lixo burocrático. Era cada vez maior. Agora, às vezes até tenho mais estresse, mas ao menos eu sei para quê.

Bauer recostou-se.

– Sinceramente, sei muito pouco sobre o seu trabalho. E que possibilidades o senhor tem, de fato, para obter informações?

– Quando parei de trabalhar na polícia, eu também não sabia. Na maioria das vezes, trabalho para advogados ou seus clientes, ou ainda para empresas, quando a polícia não está envolvida ou os contratantes querem obter informações por conta própria. Também já tive alguns casos de traição em que houve transferência de dinheiro para o exterior, de modo que já trabalhei muitas vezes fora da Alemanha. – Port fez uma pausa e olhou para Bauer. Sua expressão facial lhe deu a entender que Bauer ainda não chegara a uma conclusão do que deveria achar a seu respeito. – Pode esquecer tranqüilamente o que já ouviu sobre detetives até hoje. Claro que alguns de nós também ficam correndo atrás de maridos infiéis, mas não é o meu caso. De mim, o senhor pode esperar um trabalho sério, mas que também tem o seu preço.

Bauer refletiu. O motivo que levara Port a pedir demissão da polícia pareceu-lhe compreensível, mesmo que ele não imaginasse pedir demissão por isso. O forte dialeto da Baviera de Port o incomodava, essa pronúncia jamais lhe agradara, mas, afinal, Port não tinha nada a ver com isso.

– Como podemos descobrir quem abriu a conta bancária? – perguntou o advogado.

– Tenho um contato em Zurique que possivelmente tem acesso aos documentos do banco, inclusive aqueles relativos à conta e sua abertura. Mas preciso verificar isso primeiramente por telefone, depois poderei lhe dar uma posição definitiva. – O Dr. Keufer acenou afirmativamente a cabeça.

– E quanto tempo isso levaria, se o seu contato puder ajudar? – perguntou Bauer, impaciente. Tinha a sensação de que perderia mais um dia sem progressos.

– Se o senhor estiver achando que esse tipo de pesquisa leva apenas algumas horas, infelizmente o decepcionarei um pouco.

O tom de voz de Bauer tornou-se determinado.

– Para mim, o importante é que seja rápido, principalmente por causa da minha esposa.

Port procurou tranqüilizá-lo.

– Naturalmente, compreendo que o senhor esteja sob forte pressão, e farei o possível para agilizar minhas diligências, mas tudo isso leva o seu tempo. Se tivermos acesso aos documentos, penso que em cerca de uma semana possamos ter um resultado.

Bauer sabia que isso era imensamente rápido, em sua repartição levaria meses. Mas como poderia esperar uma semana, não fazer nada durante uma semana?

– Digo-lhe com sinceridade que no momento esse tempo me parece muito extenso.

– Não será mais rápido do que isso. Penso que já é bastante rápido, se eu considerar o ritmo no qual os seus colegas costumam trabalhar.

Bauer acenou a cabeça.

– Tudo bem, faça o que for possível, quem sabe consegue ser ainda mais rápido.

– Ao mesmo tempo, deveríamos descobrir quem está por trás da empresa Tropa S.A., que fez o depósito. Primeiramente, o importante é a sua localização, o que conseguiremos descobrir rapidamente. Talvez isso já nos ajude um pouco, mesmo que, a essa altura, certamente ainda não saibamos quem realmente está por trás da empresa. Em geral, a empresa é representada por advogados ou fiduciários que não informam nada sobre os verdadeiros donos. Mas veremos.

Bauer ouvia com interesse, até então não tivera envolvimento algum com investigações financeiras. O advogado virou-se para ele novamente.

– O que me diz, Sr. Bauer, devemos começar? Penso que daríamos um grande passo.

Bauer levantou-se e foi até a janela. Precisava movimentar-se um pouco para organizar os pensamentos. Em frente ao prédio acabara de acontecer um acidente de trânsito, dois homens gesticulavam fortemente ao lado de seus carros danificados. Bauer refletiu. O remetente do dinheiro era a chave para a solução do caso, quanto a isso não havia dúvidas. Voltou para a mesa e sentou-se.

– Sim, também vejo dessa forma, deveríamos tentar descobrir isso.

Port ergueu o olhar da folha de papel à sua frente, na qual fazia algumas anotações.

– Bem, então estamos de acordo. Agora apenas precisamos resolver a parte formal, infelizmente também não posso trabalhar sem um adiantamento. Antes de começar – espero que senhor compreenda – preciso de uma assinatura sua neste contrato e um sinal de dois mil e quinhentos euros. De acordo?

Aparentemente, Bauer pareceu tão assustado que Port se viu obrigado a acrescentar uma explicação.

– Infelizmente, as pesquisas bancárias sempre custam muito dinheiro, já que o bancário corre o risco de perder o seu emprego caso algo se torne público. E o senhor há de compreender que ninguém assume um risco desses por alguns euros.

Bauer naturalmente sabia do pagamento de informações entre os seus intermediários. Mas ter que pagar por isso para provar sua inocência? A isso ainda precisaria se acostumar. Port estendeu-lhe um contrato padrão que ele leu rapidamente, e assinou. Destacou o último cheque do seu talonário e preencheu o valor, o que Port registrou com visível satisfação.

– Prometo dar o melhor de mim. Se também tivermos a sorte necessária, em poucas semanas saberemos que jogo está sendo jogado aqui. – Pegou o cheque e guardou-o no bolso do casaco.

Nesse momento, Bauer novamente lembrou-se de Marion. Tinham uma conta conjunta, e apenas restava-lhe torcer para que Marion não verificasse os extratos bancários. O que dizer sem que ela desconfiasse? Port arrancou-o dos seus pensamentos.

– Sabe, Sr. Bauer, posso imaginar muito bem como está se sentindo, afinal conheço o seu trabalho. Mas agora o senhor deveria tentar mudar o foco. Nesta situação, nenhum dos seus colegas irá ajudá-lo. O senhor terá que sair dessa situação horrorosa por conta própria. Procure manter a calma, e também sugiro que desista de falar das nossas investigações a alguém tão prematuramente. Senão o senhor correria o risco de a pessoa que o colocou nesta situação ficar sabendo a respeito, e então poderia desistir completamente do caso, e nós estaríamos perdendo tempo, e o senhor, o seu dinheiro.

– Evidente. Sabe, acho que não existe repartição em que se fale tão pouco quanto na nossa, geralmente sequer sabemos os nomes dos informantes de colegas. Portanto, não precisa se preocupar – respondeu Bauer enquanto todos se levantavam.

Bauer agradeceu ao Dr. Keufer e informou a Port o número do seu celular. Disse que poderia telefonar para ele 24 horas por dia se soubesse de alguma novidade.

– Telefonarei assim que tiver notícias – respondeu Port e permaneceu com o Dr. Keufer, enquanto Bauer deixava o escritório.

Tinha a impressão de ter feito ao menos um pequeno progresso, se bem que tudo lhe parecia totalmente surreal novamente. Não era mais policial, mas um suspeito, não tinha arma nem carteira de policial, não podia mais entrar em seu escritório, era obrigado a mentir para a sua mulher, apenas por sorte fora liberado da prisão até a audiência – continuava parecendo-lhe inacreditável.

Capítulo 8

O elevador estava chegando ao andar do escritório de advocacia, e ele estava prestes a entrar, quando o celular tocou.

– Bauer, precisamos nos encontrar imediatamente, temo que tenha acontecido uma grande sujeira por causa de vocês, idiotas! – gritou Alex no telefone. Bauer jamais o vira tão fora de si. Aparentemente, acontecera algo realmente grave.

Bauer praticamente sussurrou para não tornar o prédio inteiro testemunha.

– Acalme-se. O que aconteceu? – perguntou.

– Contarei pessoalmente. Consegue chegar ao Janos dentro de uma hora?

– Claro, se for importante. – Não conseguia imaginar o que causara tamanho nervosismo em Alex, mas aparentemente tinha ligação com a batida policial fracassada.

Já estava sendo aguardado quando chegou ao café com alguns minutos de atraso. Ao contrário das outras vezes, Alex não parecia tranqüilo e relaxado, mas nervoso. Sentado inquieto em sua cadeira, os cabelos caíam-lhe na testa brilhante de suor.

– Agora preste atenção, Bauer – disse Alex, iniciando o diálogo, nervoso. – Estou morando há alguns meses com Svetlana, uma russa. Ela trabalha no Roma, você certamente conhece essa casa noturna, fica no Frankfurter Ring. Foi ela quem me deu as informações sobre o bordel que vocês queriam flagrar. O irmão do dono, que coordena toda a organização com as meninas e tudo o mais na casa noturna, trabalhou nesse bordel ilegal. E, quando ele chegava ao Roma depois do seu trabalho e conversava com seu irmão, ela ficava atenta.

Bauer o interrompeu.

– Por que não me disse que se tratava de sua namorada?

– Porque não fazia a menor diferença de onde eu ficava sabendo das coisas, eu simplesmente não quis expô-la. Agora sei o quanto estava certo, mas, ao que parece, isso de nada adiantou. Preste atenção. Hoje eu chego em casa pela manhã, e ela não está lá. Normalmente ela chega em torno das seis horas. Telefono para a casa noturna, e o dono, ele se chama Victor, me diz que ela foi embora em torno das cinco e meia, como sempre. Ligo para o celular dela, que ela sempre deixa ligado. Desligado. Bom, quando saí, eram nove horas, e ela ainda não havia chegado. Vou te dizer sinceramente, estou com um péssimo pressentimento. Ela nunca fez isso, tenho certeza que eles descobriram que ela me passou as informações.

Alex levantou a mão e apontou para o peito de Bauer com o dedo indicador.

– E esse porco corrupto que parece existir entre vocês devia saber que eu trabalho para você. Daí não foi difícil somar um mais um.

Pensativo, Bauer olhou para Alex, tomou um gole de café para ganhar tempo a fim de dar uma resposta. Conhecia Alex muito bem para saber de sua longa experiência no submundo: sabia quando uma de suas meninas simplesmente conhecia outro e desaparecia para não ter problemas com ele, ou quando realmente acontecia algo sério. Mas se a suspeita se confirmasse e alguém realmente tivesse causado algum mal à garota, então toda a história ganhava uma outra dimensão – então estariam lidando com seqüestro ou assassinato.

– Já pensou em fazer uma queixa de desaparecimento na polícia? – perguntou Bauer.

Alex olhou para ele sem entender.

– Isso é uma piada? Devo ir até eles e dizer: por favor, procurem minha namorada, que infelizmente vive um pouco de forma ilegal aqui na Alemanha? E, se tiverem sucesso, podem ficar com a garota e mandá-la para a Rússia? Está brincando comigo, podemos esquecer isso de vez. Não, Bauer, tenho que me virar sozinho nessa. Tem alguma coisa errada, tenho certeza disso. Se tiverem lhe causado algum mal, você pode ter certeza de que acabarei com eles, um a um.

Alex continuava fora de si. Um casalzinho na mesa ao lado que estivera conversando até então interrompeu a própria conversa e olhou para o informante, mas este sequer registrou, tamanha a sua agitação.

– Não sei, não, talvez você esteja vendo isso de uma forma muito dramática, afinal também é possível que ela esteja em casa novamente hoje à noite – disse Bauer, tentando acalmar Alex.

– Bauer, você sabe que, em geral, tenho poucos problemas com você porque acredito que seja um cara bacana. Mas agora realmente me pergunto por que está falando tanta besteira. É, tenho certeza de que sabe tão bem quanto eu que eles aprontaram alguma com ela. E realmente espero poder contar com você, que agora cuidará do caso. Afinal, foi a sua organização que estragou tão brutalmente essa história.

Bauer olhou para a mesa ao lado, o casalzinho parecia tão fascinado com a encenação de Alex, que prestava curiosa atenção. Respondeu num tom de voz acentuadamente baixo, enquanto se inclinava por cima da mesa.

– Alex, você me conhece, se eu puder fazer alguma coisa, farei. Se o que você suspeita for verdade, provavelmente as mesmas pessoas que estão por trás do meu caso estão envolvidas nisso. Entretanto neste momento minhas possibilidades estão ainda mais reduzidas do que o normal. Primeiro, preciso verificar o que posso fazer. Mas encontrarei um caminho, pode ter certeza.

Alex levantou-se da mesa sem dizer nada. Bauer ainda o ouviu dizer a meia-voz.

– Antes não tivesse entrado nessa.

Bauer ficou para trás com a sensação de ter de responder por uma coisa pela qual ele realmente não era responsável. Entretanto compreendia Alex, principalmente por perceber, pelo seu nervosismo incomum, que essa garota aparentemente significava alguma coisa para ele. Se alguém realmente tivesse seqüestrado ou feito algo pior com a namorada de Alex, essa pessoa passara a ter um inimigo pessoal que não desistiria nunca, quanto a isso não havia dúvidas.

Quando a garçonete aproximou-se da mesa para receber o pagamento, o seu celular tocou. Ele fez sinal para que ela voltasse novamente mais tarde, e aceitou a ligação.

— Sr. Bauer, pode falar ou estou atrapalhando? — anunciou-se Klaus Port, o detetive.

— Sim, posso falar, sem problemas. O senhor já tem novidades?

— Tenho, e é uma boa novidade. Meu contato em Zurique terá acesso às informações da conta bancária. Se tivermos um pouco de sorte, ele inclusive conseguirá até depois de amanhã.

— Parece bom.

— Está bem, entrarei em contato quando tiver novidades. Até lá.

Bauer pediu um café com conhaque. Depois de todas as derrotas dos últimos dias, este ao menos era um fio de esperança. O que os documentos do banco mostrariam? Teriam falsificado a sua identidade? Talvez a foto mostrasse um colega ou um bandido que ele conhecesse?

Olhou para o relógio. Mais três horas até poder ir para casa, para não deixar Marion desconfiada. Se isso levasse semanas assim, ficar sentado e esperando diariamente, precisaria pensar em alguma coisa. Talvez devesse aproveitar o tempo para investir em seu corpo numa academia, pensou rindo cinicamente e olhou para o seu princípio de barriga. Contudo, no mesmo instante, sabia que desta vez também não veria uma academia por dentro, conhecia este pensamento, e até então sempre encontrara um motivo para poupar o seu corpo de tais esforços.

Capítulo 9

A luz dos giroscópios das viaturas piscava ao longo dos muros que cercavam o pátio traseiro por três lados e mergulhou a cena numa luz irreal. Uma faixa de isolamento com listras vermelhas e brancas afastava os curiosos. Fragmentos de frases e o chiado dos rádios compunham os ruídos ao fundo. No meio do pátio havia uma ambulância, o médico e dois enfermeiros estavam ajoelhados no chão, inclinavam-se sobre o corpo de uma jovem. Os policiais já haviam virado o seu corpo de costas: do rosto restava apenas uma massa carnuda; provavelmente caíra de uma grande altura. De diversas partes da cabeça escorria um interminável rio de sangue que traçava o seu caminho ao longo do pescoço. Os três homens ao seu lado comunicaram-se através de um aceno de cabeça depois de o médico ter examinado rapidamente o corpo. Estava morta.

Alex acabara de entrar na rua em que Svetlana morava, quando viu os giroscópios das viaturas. Foi tomado por um mau pressentimento, estacionou o carro em frente à entrada de garagem mais próxima e correu em direção a um policial.

— O que aconteceu aqui?

— Uma mulher pulou do quinto andar.

— Ela está morta?

— Está, dessa altura ninguém sobrevive.

O cordão policial não conseguiu detê-lo, ele atravessou o pátio correndo e ignorou os gritos dos policiais. Primeiro não conseguiu ver o corpo, sua visão estava sendo impedida pelas várias pessoas no pátio. Enfiou-se entre dois enfermeiros, e então a viu deitada. Era Svetlana, a sua Svetlana. Sentiu as pernas fraquejarem, precisou encostar-se no muro. Dois policiais aproximaram-se dele.

– O senhor conhecia esta mulher? – perguntou um deles.

Alex permaneceu com o olhar perdido por alguns segundos antes de conseguir falar.

– Sim, é minha namorada.

O policial olhou para ele com olhar de compaixão e segurou-o no ombro.

– Sentimos muito, ela parece ter pulado do apartamento no quinto andar.

Alex estava atordoado. Svetlana teria cometido suicídio? Jamais expressara tais idéias, ainda há pouco haviam conversado como estavam bem, comparados com aquelas pessoas que não haviam conseguido se sustentar e ganhar dinheiro aqui na Alemanha. Sentia-se tão orgulhosa pelo fato de sua mãe, em Smolensk, conseguir viver num apartamento com calefação com o dinheiro que mandava para ela todos os meses, e do seu irmão poder fazer um curso de formação em informática em uma escola particular que ela pagava. Ela jamais teria deixado sua família na mão, disso ele tinha certeza.

– Alguém a viu pular? – perguntou à policial ao seu lado. Seu rosto estava pálido, a visão da morta, que devia ter a sua idade, aparentemente a comovera bastante.

– Infelizmente, não tenho como dizer, apenas estou fazendo o isolamento aqui, mas vou perguntar a um colega da polícia criminal, eles falaram com os vizinhos.

– Não, ninguém viu nada – voltou para ele após alguns minutos.

Dois policiais foram com ele até o apartamento e revistaram os cômodos. A janela da sala, que ia até o chão, estava aberta, aparentemente ela pulara dali. No chão havia vários vasos de plantas caídos. Eles costumavam ficar no batente da janela ao lado.

– Não acredito que ela tenha pulado por vontade própria. Alguém a empurrou para fora, não é possível – disse Alex ao policial militar que estava registrando o caso.

– Compreendo que o senhor pense assim, mas não há nenhum indício para isso. Para nós, trata-se claramente de suicídio, sinto muito.

Ainda anotaram rapidamente os seus dados pessoais e perguntaram-lhe se alguma coisa no comportamento de Svetlana chamara sua atenção e se ela éstivera em tratamento psiquiátrico. Em seguida, deixaram o apartamento. Nesse ínterim, um rabecão chegara ao pátio, dois homens de macacão cinza folgado estavam colocando o caixão dentro dele, quando Alex olhou pela janela. Alguns minutos depois, nada mais além de uma pequena poça de sangue fazia lembrar de Svetlana.

Alex ligou para Bauer.

– Bauer, ela está morta!

– Quem está morta, Alex?

– Svetlana! – gritou no telefone. – Eu lhe disse que esses canalhas tinham aprontado com ela. Estava morta no pátio de serviço do nosso prédio. Os policiais acreditam que tenha sido suicídio, mas pode esquecer, ela jamais faria isso.

– Acalme-se, Alex, estou indo para aí, e então conversamos.

– Está bem, faça isso, veja se também consegue excepcionalmente mover o seu corpo de policial um pouco mais rápido.

Alex estava perturbado, tomado pelo luto e pelo ódio, não conseguiria ficar sentado quieto no apartamento esperando por Bauer. Não havia ninguém na escada, desceu a pé para esvaziar a caixa de correio. Além do programa de televisão, não recebia correspondência alguma neste endereço. Afinal, oficialmente morava com a sua esposa alemã, onde buscava a correspondência a cada duas semanas. Quando estava no terceiro andar, abriu-se uma porta, de onde saiu um tipo jovem que já chamara a atenção de Alex algumas vezes pela sua constante aparência doentia e descuidada com sua pele pálida e seus olhos fundos.

– Ei, você não é o cara da pequena que estava morta no pátio?

Alex parou e olhou para ele. Seu vizinho era uma cabeça menor que ele e devia pesar uns sessenta quilos, seus braços pálidos projetavam-se como espinhas de peixe para fora da camiseta cinza que usava por cima de uma calça jeans.

– Sou, e daí, o que te interessa?

– Ei, fique frio, velho, claro que você está na pior agora. Mas talvez eu possa te dar uma dica, porque vi uma coisa. Só não queria contar pros canas. De mim eles não ficam sabendo nada, nem as horas.

Do apartamento emanou um cheiro adocicado que penetrou no nariz de Alex, um misto de haxixe e lixeira transbordando.

– Você precisa me prometer que não dirá a ninguém de quem soube isso, está claro? – prosseguiu o jovem.

– Se é tão importante para você, está bem, pouco me importa.

– Está bem, chegue mais perto da porta para que eu não precise gritar tanto.

Alex obedeceu, relutante, o cheiro ficou mais intenso.

– Então, preste atenção. Hoje acordei em torno de uma hora da tarde porque ouvi vozes altas na escada. Quando olhei pelo olho mágico, dois caras estavam levando a sua garota para cima. Ela estava entre os dois, e um deles estava apontando alguma coisa para as suas costas, mas não pude ver direito o que era.

– Você ouviu alguma coisa, estavam conversando alguma coisa? – perguntou Alex.

– Um deles disse alguma coisa, parecia polonês ou russo, em todo caso não era alemão. E cerca de meia hora depois chegaram os canas, alguém deve ter encontrado a garota no pátio e ligado para a polícia.

Alex aproximou-se dele.

– Consegue descrever os caras, a idade ou a aparência deles?

– Olhe, é muito difícil, afinal os vi apenas através do olho mágico, mas acredito que os dois deviam ter mais ou menos a minha idade, 26, um era bem alto, 1,90 m, por aí; o outro era só um pouco mais baixo. Não reparei nas roupas, não os vi descendo.

Alex aproximou-se ainda mais do vizinho e segurou-o firmemente nos ombros enquanto era tomado por um cheiro azedo de suor.

– Nada mal. Mas, me conte, como você está? Está mais ou menos sóbrio, ou a erva fodeu a sua cachola e você está aí me contando o seu último pesadelo? – perguntou, levemente irritado.

O jovem recuou um passo para livrar-se das garras de Alex.

– Cara, pouco me importa se você acredita em mim. Eu te contei, faça o que quiser com isso. Mas uma coisa eu te digo. Se contar isso aos canas, direi que não vi porra nenhuma e que você está inventando coisas.

Bateu a porta e deixou Alex parado no corredor. Este sequer sabia como o outro se chamava. Na plaqueta do nome estava escrito "Heiser", mas Alex já vira esse nome ali quando viera com Svetlana para o prédio havia mais de dois anos e, nesse período, várias pessoas tinham morado ali sem que o nome tivesse sido trocado.

Nesse momento, a porta do prédio se abriu e Ricardo Bauer entrou. Alex estendeu-lhe a mão em silêncio e foi até o apartamento com ele. Bauer o viu pela primeira vez. Os três cômodos haviam sido decorados com móveis claros simples, na parede da sala havia diversas fotografias de paisagens e uma foto de Svetlana com Alex num bar, abraçados num sofá e sorrindo.

– O que exatamente aconteceu? – disse Bauer, dando início à conversa.

– Ela estava morta no pátio quando cheguei. Os canas disseram que era um típico suicídio, que ela teria pulado da janela da sala. Mas eu sei que ela foi levada até o apartamento por dois homens. Provavelmente eles é que a jogaram pela janela depois. Um vizinho me contou isso, um junkie, mas ele não quer conversa com vocês. Nem precisamos cogitá-lo como testemunha, ele desmentirá tudo. Mas acredito nele. Svetlana jamais teria se matado, ela tinha orgulho demais de poder ajudar a mãe e o irmão.

Bauer o interrompeu.

– A maioria dos suicídios acontece de forma surpreendente para os familiares. Você acha que a conhecia bem?

– Ela veio há alguns anos de Smolensk, a mesma história de sempre, você já conhece. Há tempos não tinha uma garota dessas, sempre correta, fazia o seu trabalho, sempre confiável, e nada de drogas. Ela sabia exatamente o que queria, e o mais importante para ela era a sua família. Ela jamais a teria abandonado por livre e espontânea vontade, nunca.

— Tudo bem, se você não pode dizer de quem veio a dica, não acha que ele pode estar fantasiando? – perguntou Bauer.

— Por que deveria mentir para mim, se não ganha nada com isso? Acredito nele, sim, ele também estava bastante sóbrio quando conversamos. – Alex fitou o outro com um olhar sério, a voz pesada. – Bauer, o que podemos fazer para encontrar esses canalhas?

— Ele conseguiu descrever as pessoas que trouxeram Svetlana para cima?

— Sim, mas isso não ajuda muito. Ele viu os caras pelo olho mágico. Um parece ser bem alto, 1,90 m, segundo ele; o outro ao menos uma cabeça menor. Ele ouviu um deles dizer alguma coisa, possivelmente em polonês ou russo, em todo caso não era alemão. E isso até faz sentido, porque como eu disse, o seu maravilhoso colega corrupto provavelmente descobriu que estou com ela e contou isso ao pessoal dele. De resto, você mesmo pode juntar um mais um. – Entreolharam-se, pensativos. Alex olhou para Bauer com olhos raivosos e faiscantes como ele jamais vira antes. – Eu quero os caras que a mataram.

Bauer sabia bem demais como os casos similares a este eram tratados. Quando não se descobria nada fora do comum na necropsia, o caso era arquivado. E como não podiam citar a testemunha, porque esta não confirmaria a declaração, restava-lhes apenas torcer para que encontrassem vestígios de violência durante a necropsia.

— Alex, apenas nos resta torcer que os autores do crime a tenham machucado de alguma forma, nos pulsos, por exemplo, caso tenha havido uma luta. Conheço o chefe dos médicos-legistas que está tratando do caso. Ele ainda me deve um favor, direi a ele que prestem bastante atenção durante a necropsia para saber se o corpo está com algum ferimento incomum.

Bauer levantou-se, deu um tapa nas costas de Alex e despediu-se.

— Pode ter certeza, farei tudo que puder.

De volta à rua, tirou o celular do casaco, estava se sentindo como nos tempos antes da sua suspensão, como teria gostado de poder assumir as investigações. Mas ao menos essa história desviava um pouco a sua atenção do seu próprio caso, e talvez até o ajudaria.

O legista-chefe o cumprimentou gentilmente ao telefone, ainda não soubera da suspensão de Bauer. Este também não disse nada a respeito, mas falou de indícios de que a mulher possivelmente não tinha pulado da janela por conta própria, mas que ele não tinha provas. Bauer ganhou a promessa de que descreveriam em detalhes qualquer coisa que chamasse a atenção na necropsia. Combinaram de se falar por telefone na tarde do dia seguinte para conversar sobre o resultado. Bauer informou Alex, e em seguida foi até o seu carro.

Capítulo 10

Estava na hora de ir para casa, porque Marion certamente já o estaria aguardando.

– Ainda bem que o dia acabou, tenho sentido umas tonteiras de vez em quando, mas o médico disse que é normal, muitas mulheres têm isso no começo da gravidez.

Ela lhe pareceu exausta, ele ofereceu-se para cozinhar, o que, em outras circunstâncias, em geral só fazia nos fins de semana.

– Que gentil de sua parte. Fiz compras para nós, estão na cozinha. Mas, me conte, como foi o seu dia?

Com ela, não era uma pergunta ociosa, fingindo interesse pela sua profissão. Não, ela realmente queria compartilhar, até onde isso lhe fosse possível. Desde o começo da sua história de amor isso o impressionara; era, para ele, a grande diferença entre uma vida lado a lado e uma vida conjunta. Exatamente por isso, a cada dia sentia mais dificuldade de dar prosseguimento à sua peça teatral.

– Ultimamente tem sido bem tranqüilo, apenas algumas questões rotineiras, mas nada fora do comum.

Depois do jantar, ele ficou aliviado por Marion se recolher no sofá da sala e não recomeçar uma nova conversa com ele, de tão cansada que estava, de modo que acabaram adormecendo os dois em frente à televisão.

Capítulo 11

No dia seguinte, ele mal deixara o prédio no mesmo horário de sempre, quando o detetive Port telefonou.

– Meu contato em Zurique teve acesso aos documentos, em breve me enviará por fax a cópia do passaporte que ficou no banco, além do requerimento de abertura de conta que foi assinado na ocasião. Podemos nos encontrar às dez horas no advogado.

Bauer mal podia esperar. Talvez tudo se esclarecesse, talvez o pesadelo chegasse ao fim. Chegou adiantado mais de meia hora ao escritório do Dr. Keufer e precisou ter paciência até Port aparecer um pouco depois das dez. Entraram na sala do advogado e sentaram-se à mesa de reuniões, que emendava com a escrivaninha atrás da qual o Dr. Keufer se sentou. Ao contrário do seu estilo da virada do século, esta era uma peça de design, totalmente formada por vidro levemente acastanhado. Conferia à sala uma atmosfera clara, moderna.

O detetive trouxera uma mala de couro gasto que então colocou sobre a mesa. Enquanto mexia no fecho da mala, olhou para o advogado e para Bauer.

– Espero que não me entendam errado, mas é importante demais, por isso quero enfatizar mais uma vez. O que eu irei lhes mostrar agora são documentos altamente sigilosos, meu contato em Zurique não somente está arriscando o seu emprego no banco, como também teria que passar no mínimo um ano na prisão, caso descobrissem que ele liberou os documentos. Portanto conto com os senhores, esqueçam imediatamente os papéis que lhes mostrarei agora, não podemos de maneira alguma usá-los como provas.

– Sua expressão facial não deixava dúvidas de que isso era muito sério.

O advogado olhou para Bauer para verificar sua reação. Este acenou a cabeça afirmativamente, neste momento teria concordado com tudo, só queria ver os documentos. Port enfiou a mão na pasta e colocou vários papéis sobre a mesa. Bauer foi o primeiro a pegar a folha intitulada "Requerimento de abertura de conta bancária". Seus olhos moveram-se para o item "Requerente: Ricardo Bauer". Seguiram-se algumas linhas com os seus dados, data de nascimento, endereço residencial, depois a assinatura. Era a sua letra, inconfundível. O mesmo B tipicamente rebuscado que ele se acostumara a fazer com o passar dos anos. Sem dúvida, era a sua assinatura.

Port olhou para ele com ar interrogativo.

– O que acha disso?

– Não tem muito que dizer, esta é a minha assinatura, ao menos uma imitação perfeita. Apenas sei que jamais assinei esse requerimento.

Port pegou o papel com a cópia de um documento da mesa e entregou-o a Bauer. Este logo viu que se tratava de um passaporte alemão. Apesar de, depois da requisição de abertura de conta com a sua assinatura, de certa forma ter contado com isso, ficou boquiaberto quando os seus olhos se moveram em direção ao nome e à foto na cópia. Era claramente o seu rosto que olhava em sua direção, exatamente a foto do seu documento. Seu nome também estava na cópia do passaporte.

Atônito, levantou-se e entregou o papel ao Dr. Keufer. Este o observou detalhadamente, em seguida olhou para Bauer com olhar interrogativo.

– Não tenho explicação. Não há dúvida, esta é claramente a minha foto – respondeu Bauer.

Port entregou uma folha de papel em branco a Bauer.

– Assine aqui para que possamos comparar as assinaturas. – Bauer assim o fez, e puseram as duas folhas lado a lado. Não se via diferença alguma. Ambas as assinaturas pareciam ser da mesma pessoa. – Penso que é evidente que estamos de fato lidando com profissionais neste caso, não vejo diferença alguma entre as letras – comentou Port. – Eles realmente conseguiram fazer isso com perfeição. Tinham a assinatura do passaporte como modelo.

O Dr. Keufer pegou os papéis e segurou-os próximo ao seu rosto.

– Concordo com você, Port, a falsificação da assinatura é extraordinária; a olho nu, pelo menos, não pode ser identificada como falsificação. A única explicação que me vem é que alguém estava com o passaporte original em mãos e copiou a assinatura. Mas o que não entendo é que o funcionário do banco deveria ter notado que a pessoa que assinou o requerimento não era a mesma da foto do passaporte. A não ser que o cara fosse tão parecido com o senhor que pudesse se fazer passar por Ricardo Bauer.

– Ou o funcionário do banco colaborou e fez vista grossa para esse detalhe. Já houve casos assim – respondeu Port.

– O requerimento foi feito em abril, ou seja, há sete meses. Isso lhe diz alguma coisa, o senhor perdeu o seu passaporte alguma vez? – perguntou o advogado.

Bauer refletiu, mas não conseguiu lembrar-se de nada nesse sentido. Recordou-se apenas de ter levado o passaporte ao escritório alguns meses antes para poder apresentá-lo em uma vistoria de carro. Ao ir para a vistoria, o passaporte já não estava com ele, e procurara por ele por mais de duas semanas até encontrá-lo em sua gaveta no escritório. Entretanto não se lembrava de tê-lo colocado ali.

Port foi o primeiro a reagir quando Bauer contou essa história.

– Então é possível que um colega seu tenha pegado o passaporte. Depois de usá-lo na Suíça, colocou-o de volta na gaveta. Nada mal, esse método, devo dizer.

O Dr. Keufer levantou-se e aproximou-se dos seus hóspedes na mesa de reuniões.

– Ou essa pessoa apenas fez uma cópia e apresentou-a no banco. Se partirmos do pressuposto de que o funcionário do banco cooperou, pode ter sido assim.

Bauer deu-lhe razão.

– É, penso que dessa maneira tenha sido mais fácil, senão teriam corrido o risco de eu dar pela falta do passaporte antes de eles retornarem.

– Quem sabia que o senhor estava com o passaporte nesse dia? – perguntou Port.

– Não me lembro mais exatamente do dia, já faz muito tempo, mas pode ser que alguns colegas tenham ficado sabendo que eu precisava ir para a vistoria; nesse caso, eu teria de estar com o passaporte.

– E qualquer um dos colegas podia entrar na sua sala? Ela não ficava trancada? – perguntou o Dr. Keufer.

– Não, nossas salas sempre ficam abertas durante o expediente, são trancadas apenas no final do dia. Qualquer colega da minha delegacia podia entrar.

– Não iremos muito longe por aqui. Acreditamos saber com qual documento a conta foi aberta, mas continuamos sem saber por quem. O que devemos fazer? – disse o advogado, virando-se para os dois.

– Vejo da mesma forma que o senhor. Adiantaria muito mais saber quem está por trás dessa empresa Tropa S.A. Andei pesquisando e descobri que se trata de uma dessas típicas empresas-fantasmas que apenas têm um endereço comercial, mas sequer um telefone, ainda mais funcionários. Em geral são utilizadas por criaturas dúbias para fazer negócios anonimamente. O registro da Tropa S.A. é nas Ilhas Virgens, e oficialmente há apenas dois diretores panamenhos cadastrados, assim como a sociedade fiduciária local, Scott & Scott Trust – explicou Port.

– Existe uma possibilidade de descobrirmos quem se esconde por trás dessa empresa? – dirigiu-se Bauer a Port.

Este se recostou e girou a caneta entre os dedos, pensativo.

– É muito difícil saber quem realmente é o proprietário da empresa. O objetivo dessas empresas-fantasmas é justamente encobrir os verdadeiros donos. Entretanto isso também quer dizer que talvez estejamos muito próximos da solução do problema, se de fato conseguirmos descobrir esses nomes.

— Acha que podemos? – perguntou Bauer, impaciente, os olhos voltando-se ora para Port, ora para o advogado. O Dr. Keufer acendeu um cigarro e soprou a fumaça em direção ao teto.

— Penso que devemos ser realistas, as chances não passam de cinqüenta por cento. Já tive um caso desses e nem mesmo a Procuradoria-Geral conseguiu descobrir os verdadeiros donos naquela época. Depois de um ano de empurra-empurra sem êxito, desistiram. Como o senhor avalia as chances, Sr. Port?

O detetive, que estava parado próximo à janela olhando para o dia nebuloso do lado de fora, ergueu os ombros e virou-se para Bauer.

— Vou ser sincero, Bauer, não quero que pense que estou lhe tirando dinheiro em vão. A única possibilidade que eu vejo, se tanto, é um de nós conversar pessoalmente com um dos funcionários dessa empresa fiduciária nas Ilhas Virgens Britânicas e tentar, seja como for, obter a informação de quem está por trás dela. Todo o restante, ou seja, escrever para a empresa ou coisas do gênero, podemos esquecer.

Bauer sentiu o cansaço dentro de si, o rosto revelando toda a sua decepção. Já haviam se passado duas semanas, e ele praticamente não avançara sequer um passo.

O advogado voltou a se manifestar.

— Compreendo que esteja impaciente, Sr. Bauer. Mas acredito que neste caso todos nós devamos considerar que o lado oposto, digamos assim, está trabalhando de forma bastante profissional. Não podemos esperar que o caso seja resolvido em poucos dias com apenas algumas pequenas pesquisas.

Bauer concordou com ele em pensamento. Naturalmente não se poderia esperar isso, e naturalmente era quase impossível resolver um caso desses em poucos dias, mas ele tinha a sensação do tempo estar se esvaindo. Com cada dia de suspensão do trabalho, os colegas certamente teriam a impressão de que as acusações contra ele eram justificadas, e a relação com sua esposa Marion ficaria cada vez mais difícil. Simplesmente detestava ficar mentindo sobre o que havia feito durante o dia, e também era mais e mais difícil não entrar em contradição. Já se sentia como um criminoso que precisava mentir para os interrogadores, a fim de escapar sem ser penalizado.

— Sei que tem razão, Dr. Keufer, mas talvez o senhor possa imaginar como é horrível ser tratado como um criminoso, sendo inocente.

Port afastou-se da janela e voltou a sentar-se em frente a Bauer. Com os cotovelos apoiados sobre a mesa, olhou para ele, pensativo.

— Bauer, acho que o seu problema é ainda não ter mudado de lado mentalmente. O senhor já não é o policial com um enorme aparelho público nas costas, agora o senhor só depende de si mesmo. Agora, o lema é lutar, o senhor sozinho precisa dar uma lição neles e provar a sua inocência. E eu tenho certeza de que conseguiremos. Apenas precisa ter a paciência necessária.

Fez-se uma pausa, ambos olharam para Bauer, que parecia pensativo. O papel de garotinho de escola que o detetive aparentemente lhe destinara não lhe agradava. Sentiu necessidade de retomar a iniciativa, ou então se perderia. Como se quisesse dar um basta, bateu fortemente na mesa com a mão espalmada.

— Está bem, qual será o nosso próximo passo? — Sua reação aparentemente surpreendeu o advogado e o detetive, ambos entreolharam-se, atônitos.

— Primeiramente, precisamos decidir se o senhor mesmo viajará, ou eu. Já estive lá uma vez, mas foi apenas para saber se uma empresa ainda estava ativa. Foi fácil descobrir através de uma conversa com um funcionário da empresa fiduciária. No seu caso, as coisas são um pouco diferentes. Certamente será bem mais difícil, mas, se o senhor mesmo for para lá, naturalmente economizará os meus honorários.

Port recostou-se e tomou um gole do café que a secretária havia trazido.

— Acho que eu mesmo irei — disse Bauer. — Falta-me a tranqüilidade para ficar aqui esperando. Talvez possa me dar algumas informações que me ajudem. De resto, penso que consigo me virar.

Port mostrou-se tranqüilo quanto ao fato de Bauer viajar para o Caribe em seu lugar.

– Sem problemas, claro que posso lhe dar umas dicas. Sugiro que nos recolhamos em um café e discutamos o restante ali. – Olhou para o Dr. Keufer. – O senhor não precisa estar presente, não é mesmo, Dr. Keufer?

– Não, também vejo dessa forma, os senhores podem resolver isso sozinhos.

Levantaram-se, e o advogado os acompanhou até a porta.

– Desejo-lhe boa sorte. Dê notícias quando estiver de volta.

– Obrigado, farei isso com certeza.

Bauer despediu-se do advogado com um aperto de mão e saiu da sala com Port. Foram para um café que ficava diretamente em frente ao escritório de advocacia. Durante o breve percurso, Bauer pensou no que estaria por vir agora. Como explicar aquela viagem ao exterior a Marion? Havia muitos anos a repartição o enviara para uma conferência sobre crime organizado em Washington, mas na época recebera um convite oficial. Mas e desta vez?

Sentaram-se numa pequena mesa num canto do café para poderem conversar sem serem perturbados.

– O senhor acredita ser uma pessoa persuasiva? – perguntou Port.

– Penso que sim, ao menos sempre consegui descobrir o que queria nos meus interrogatórios. Mas que importância tem isto aqui?

– Se quiser se fazer passar por outra pessoa, isso é importante para que possa reagir como ela faria. Mas tudo bem, aparentemente esse não é o seu problema, o senhor parece dominar isso. É importante que uma coisa fique clara. Na realidade, os funcionários da empresa fiduciária não estão autorizados a informar de forma alguma quem é o verdadeiro contratante por trás da Tropa S.A. Nas Ilhas Virgens, este é um dado tão sigiloso quanto um segredo bancário. É deste sigilo que eles vivem lá; se isso não funcionar mais, podem fechar a empresa de uma vez. Não tenho certeza, mas acho que correm até o risco de serem presos se liberarem informações, o que é bastante compreensível, se considerarmos que esse país ganha muito dinheiro com isso; só na capital Tortola há mais de trezentas mil empresas-fantasmas registradas, que apenas têm os seus endereços ali, sem funcionários, e todos eles sabem por que se registraram ali. Dá para ter uma idéia?

— Até agora não tinha noção disso — respondeu Bauer, encolhendo os ombros.

— Portanto, se me permitir uma sugestão, nem pense em ir direto ao assunto. Normalmente, esses diretores de uma empresa registrada autorizam oficialmente uma pessoa a agir em nome da empresa, ou seja, a abrir uma conta bancária ou algo parecido. Às vezes também pode ser o próprio dono da empresa, mas, freqüentemente, é um advogado que o representa. Isso significa que precisamos descobrir quem dá as ordens na empresa fiduciária e faz a correspondência com ela.

— Acredita que precisarei de quantos dias? — perguntou Bauer, cujos pensamentos já estavam na empresa fiduciária.

— Calculo que quatro a cinco. Um para a viagem até lá, depois um para se ambientar no local e marcar uma reunião, depois um dia no qual irá à empresa, sim, e depois ainda o dia para a viagem de volta. Ao chegar lá, deveria telefonar para eles e dizer que pretende abrir uma empresa-fantasma e que gostaria de marcar uma reunião de consultoria. Isso já causará uma boa impressão, porque pensarão que podem ganhar dinheiro com o senhor. Para cada empresa, eles embolsam em torno de quatrocentos dólares por ano, além do dinheiro para os diretores e outras taxas administrativas, como, por exemplo, por investimentos patrimoniais. E isso o senhor deveria expor logo, que a empresa pretende investir em patrimônio e comprar imóveis, e que o senhor também deseja que isso seja supervisionado pela sociedade fiduciária. E então eles terão certeza de que estarão fazendo um bom negócio.

Bauer anotou o que Port lhe contava.

— O que pensa, que valor devo informar como patrimônio próprio que eu queira investir, para que me torne interessante para essa gente?

— Se lhe perguntarem quanto dinheiro tem disponível, não seja mesquinho. Abaixo de quinhentos mil dólares eles sequer começam a pensar. Mas é melhor não se fazer passar por algum grande criminoso ou insinuar qualquer coisa sobre drogas ou algo similar.

Estes fiduciários não querem saber disso, apenas pretendem ser consultores respeitáveis e não se envolver em negócios tortuosos, mesmo que, naturalmente, saibam exatamente de onde vem a maioria desses capitais que eles administram. Peça que lhe mostrem os belos prospectos e faça perguntas até dizer chega para causar a impressão de estar realmente interessado.

Bauer recostou-se em sua cadeira e cruzou os braços.

— Até aí, certamente não será difícil. Mas depois se trata de descobrir quem são os donos dessa Tropa S.A. Isso certamente não será tão fácil assim, o que acha?

— Não, certamente não será. O importante é que invente um bom motivo para querer saber algo sobre a Tropa S.A. Talvez o melhor seja se passar por parente de alguém que ainda receba dinheiro da empresa ou algo parecido, e que ainda esteja devendo um favor a essa pessoa. Talvez o senhor tenha sorte e consiga obter a informação de que precisamos. Como é o seu inglês?

Bauer ergueu o olhar do seu bloco de anotações.

— Penso que conseguirei me virar, nos últimos anos tive várias investigações em parceria com a Scotland Yard, a última foi há apenas alguns meses, quando prendemos juntos uma quadrilha de tráfico humano. E então pude atualizar novamente o meu inglês. Isso não será um problema. — Bauer tomou um gole da sua xícara de café, olhou para Port, pensativo. — Devo confessar que requer uma certa adaptação imaginar que aparecerei lá com uma história mentirosa dessas. Mas, de certa forma, também tem o seu atrativo, talvez só seja preciso passar por isso uma vez e perceber que funciona.

Port acenou a cabeça afirmativamente.

— Ainda me lembro da primeira vez que fiz uma coisa dessas, também tive um certo medo, mas o senhor verá que, uma vez dentro, a coisa se desenrola naturalmente. Mas, se quiser, pense com calma, eu posso ir em seu lugar, sem problemas.

O rosto de Bauer esboçou um sorriso.

— Acredito que um vôo desses para o Caribe em novembro tem o seu lado bom. Já me decidi: eu mesmo irei.

Port acenou a cabeça, compreensivo.

– Evidente, no seu lugar eu também iria. Ainda lhe emprestarei uma minicâmera porque, se tiver alguma possibilidade, deveria tentar fotografar qualquer coisa que depois nos ajude a provar quem está por trás da empresa. Porque não podemos contar com o pessoal da empresa fiduciária como testemunha, jamais fariam isso.

Port ainda relatou um pouco sobre a sua viagem às Ilhas Virgens Britânicas três anos antes, depois pagaram a conta e foram até o seu carro, um Mercedes conversível de cor prata novo.

– Os seus negócios não parecem estar indo tão mal, pelo que vejo.

Port abriu um largo sorriso, como se estivesse contando com o comentário.

– É realmente engraçado, vocês policiais sempre acham que quem dirige um Mercedes deve ser muito rico. Sem motivos para inveja, é apenas um carro de leasing, mas eu dirijo muito, por isso me dei este pequeno luxo. Em compensação, meu escritório parece ser o mesmo há trinta anos, a decoração da sua repartição deve ser bem mais moderna.

Port provavelmente tinha razão, pensou Bauer, tinham se mudado havia apenas dois anos para o prédio atual e, na ocasião, haviam recebido mobiliário novo.

Mas agora realmente passavam-lhe outras coisas pela cabeça além dos móveis do seu escritório. Precisava dar um jeito de voltar lá. Port abriu o porta-malas do carro, que estava cheio de outras malas de metal, jornais velhos, aparelhos de rádio e uma caixa cujo conteúdo Bauer não conseguia ver. Mas, para a surpresa de Bauer, a desorganização parecia ter um sistema. Port abriu a caixa e retirou vários cabos elétricos, entre eles uma minicâmera da metade do tamanho de um maço de cigarros.

– É bem simples de manusear: este é o disparador, a fotometragem é automática, e se quiser fotografar algum documento mantenha aproximadamente quarenta centímetros de distância. O filme é novo, portanto o senhor tem 24 poses, acredito que seja suficiente.

Bauer pegou a câmera, o corpo de metal estava gelado, testou-a rapidamente e guardou-a no bolso do sobretudo.

– Muito obrigado. Agora parece que o progresso do caso só depende de mim. Se possível, viajarei ainda esta semana, e, assim que retornar, telefonarei para o senhor. Se eu tiver algum problema durante a viagem, entrarei em contato.

Port entregou-lhe um bilhete com o endereço da empresa nas Ilhas Virgens Britânicas e deu-lhe um tapinha nos ombros.

– O senhor verá que funciona, mas o mais importante mesmo é acreditar no êxito.

Bauer olhou para o relógio. Faltava pouco para as 15h, e ele não havia ingerido nada além de um pequeno desjejum. Até o jantar com Marion ainda faltavam, no mínimo, quatro horas, ela já dissera pela manhã que à tarde teria uma reunião na empresa e que sairia mais tarde do trabalho. Ele dirigiu até a pizzaria Firenze, que ficava na metade do caminho entre o escritório de advocacia e o seu apartamento, e onde ele já se tornara cliente assíduo desde que fora obrigado a esperar o tempo passar todos os dias antes de ir para casa sem despertar a suspeita de Marion.

Agora teria tempo de telefonar para o seu colega e saber do resultado da necropsia. Se o que Alex descobrira estivesse correto, e ela não pulara por vontade própria, o corpo da morta deveria apresentar algum sinal de violência. Por outro lado, ela naturalmente também poderia ter saltado com uma arma em frente aos olhos, por não ver outra saída de fuga.

– Já estava aguardando a sua ligação, colega. Os caras da medicina legal não encontraram nada que indicasse que ela não teria pulado por vontade própria e de alguma forma teria sido forçada. Todos os seus ferimentos podem ser explicados pela queda. Ela também não foi estrangulada antes ou segurada pelos braços, ou seja, se realmente teve outra pessoa na jogada, essa pessoa certamente a obrigou sem que ela tenha se defendido.

– Obrigado. Na verdade, foi apenas um indício que me deram, é perfeitamente possível que não seja verdade. Até a próxima.

Bauer sabia o que o esperava quando informasse Alex do resultado e não foi decepcionado.

– Que beleza, então os seus espertinhos não encontraram nada, provavelmente devem ter ficado olhando para o relógio durante o exame para não correr o risco de perder o final do expediente. E você, também acredita que ela tenha pulado por vontade própria? Vai ver os caras que foram com ela até o apartamento só quiseram animar um pouco os últimos minutos antes do pulo, não é?, distraí-la um pouco, já que ela não tinha mais muito tempo de vida.

– Alex, eu compreendo... – Bauer não conseguiu terminar a frase.

– Vocês são todos doentes da cabeça, eu bem que deveria ter imaginado. Mas não importa, darei um jeito nos caras sem vocês, pode ter certeza disso.

Bauer não conseguiu conter uma risadinha, apesar de entender a irritação de Alex.

– Dá um tempo, Alex, eu não disse que não é verdade, mas, se realmente esses dois tipos foram com ela até o apartamento, então provavelmente a obrigaram a pular, apontando uma arma na sua cara. Neste caso, é natural que não se encontre marca alguma.

– Não me importa, eu acredito no homem do meu prédio, mesmo que ele seja um junkie, e você pode ter certeza que eu vou pegar os caras, não interessa quem os tenha mandado.

– Mas eu concordo com você, e o que puder fazer neste momento, eu o farei, pode confiar em mim. Mas hoje ainda preciso resolver uma coisa, amanhã entrarei em contato com você.

Bauer decidiu reservar a passagem ainda naquele dia, para não cair na tentação de pensar mais uma vez a respeito de mandar Port em seu lugar ou não. Saiu da pizzaria e foi até uma agência de viagens que não conhecia, chamada Travel Overland. Já fizera várias viagens com Marion, e eles sempre procuraram uma amiga dela que trabalhava em uma agência perto de sua casa, mas desta vez ele não queria ir para lá. Sequer sabia como explicaria a ela que viajaria para o Caribe a trabalho, e se ela ainda por cima descobrisse que ele próprio reservara e pagara a passagem certamente estranharia. Felizmente, conseguiu uma vaga num vôo para Miami para três dias depois. No mesmo dia seguiria viagem, chegando à noite ao seu destino.

Mal saiu da agência, voltou a pensar em Marion. Como lhe explicar a viagem? Ainda na noite anterior quase haviam brigado.

– Ric, eu não sei o que está acontecendo com você, mas você está diferente. Por que está tão fechado ultimamente? Não me conta mais nada do que tem feito durante o dia – dissera ela após o jantar.

Ele desviara os olhos, levantara-se e fora até a janela.

– Os últimos dias foram muito cansativos, talvez por isso eu esteja menos falante. Por favor, não me leve a mal.

Pela sua expressão, ele percebera que sua resposta não a satisfizera, ele não conseguira convencê-la com isso. E agora, com este clima, ainda deveria explicar-lhe que precisaria viajar sozinho para o Caribe? Que missão era essa fora do país? Por que a polícia local não cuidava das investigações? Decidiu contar-lhe a história o mais precisamente possível, mas sem revelar o seu papel nela.

Marion chegou tarde, ele já começara a jantar.

– Desculpe-me, infelizmente não consegui telefonar. O cliente para quem havíamos preparado a campanha publicitária é um verdadeiro chato, quer sempre mudar mais alguma coisa e depois continua não gostando, e derruba tudo novamente. Mas agora ele nos deu a sua aprovação, graças a Deus. Aliás, depois de amanhã precisarei fazer uma viagem de última hora para Londres por três dias. Faremos uma apresentação para um novo cliente.

Não poderia ter sido melhor, pensou Bauer.

– Que coincidência, eu precisarei viajar um dia depois de você, por quatro ou cinco dias, para o Caribe, melhor dizendo, para as Ilhas Virgens Britânicas.

Marion havia pendurado o sobretudo na entrada e agora estava parada de braços cruzados à sua frente.

– Não me diga, meu pobre policial infelizmente será obrigado a viajar um pouquinho para o Caribe com esse tempo horrível. Isso é realmente lamentável, não é? – Aproximou-se dele com um sorriso, sentou-se no seu colo e, enquanto o abraçava, beijou-o.

– Já imaginava que você diria algo do gênero, mas de fato é uma viagem a trabalho, temos uma investigação em curso que envolve uma empresa-fantasma registrada por lá. Por meios oficiais não funciona nada, e nós precisamos descobrir, sem falta, quem realmente está por trás disso. Estamos trabalhando em conjunto com a polícia local, já recebemos a aprovação deles.

– Estava apenas brincando. Acho ótimo para você, além do mais são apenas alguns dias, e depois nos veremos de novo. Bom, e antes de mais nada, agora quero comer alguma coisa tranqüilamente, não comi nada o dia inteiro.

Bauer sentiu os nervos relaxarem. Brindaram às suas viagens com uma taça de vinho tinto.

Capítulo 12

Depois do telefonema de Bauer, Alex estava convicto de que a polícia não se envolveria mais no caso. Para eles, foi suicídio, pensou consigo mesmo, além do mais era apenas uma russa; por que haveriam de se esforçar excessivamente? E não poderia utilizar sua testemunha para nada, disso ele tinha certeza; o cara realmente negaria tudo, como dissera. Esse tipo de gente não queria se envolver com a polícia, ele também compreendia isso. Já ficara surpreso com o fato de o homem ter chegado a dizer alguma coisa.

Quando retornou ao apartamento, alguém enfiara um bilhete por debaixo da porta. "Venha ao terceiro andar, lembrei-me de mais uma coisa. Bruno." Precisou tocar a campainha cinco vezes até Bruno abrir a porta.

– Foi você quem escreveu este bilhete para mim? – perguntou, levemente irritado, e ficou ainda mais nervoso ao ver nos olhos da sua testemunha mais importante que este o estava recebendo num estado de transe. Usava uma camiseta colorida esgarçada e uma calça de moletom. Falava com voz baixa, língua enrolada.

– Sinto muito, camarada, pode voltar amanhã, agora não estou muito a fim de contar histórias.

Alex só conseguiu conter-se com muito esforço, sentiu vontade de segurá-lo pelos ombros e sacudi-lo, mas pensou melhor. Conhecia gente demais desse tipo, que não acertava nada na vida, cujas existências se resumiam apenas a conseguir dinheiro de todo jeito para comprar drogas, depois afundar por algumas horas e começar tudo de novo. Apesar de não ter deixado de experimentar muita coisa em sua vida, até então sempre mantivera distância das drogas, e também sempre detestara quando uma de suas meninas estivera envolvida com isso. Portanto, deixou Bruno parado na porta e voltou para o seu apartamento.

No dia seguinte, levantou-se cedo, depois de ter passado a noite em claro. O que mais saberia Bruno, seria alguma novidade ou apenas algo sem importância? Antes do meio-dia nem precisava ir até lá, isso era evidente. Esses garotos enchiam a cabeça até tarde da noite e depois dormiam como se estivessem mortos. Impaciente, pulou de um canal de televisão para o próximo, das televendas para o programa de auditório e continuando para o canal infantil, tudo o irritava. Finalmente, às 11h, perdeu a paciência e foi ao apartamento do outro. Tocou longamente a campainha, e um homem de 20 e poucos anos que ele jamais vira abriu a porta. Era evidente que Alex o surpreendera numa fase de sono profundo.

– O que você quer?

– Bruno está? – perguntou Alex.

– Que Bruno?

– O que quer dizer, que Bruno? Ele mora aqui!

O homem não parecia convencido.

– Não faço idéia de quem está falando.

– Não acredito que haja muita coisa de que você faça alguma idéia – disse Alex, furioso, e empurrou-o de lado para entrar no apartamento.

Quase tropeçou sobre um monte de roupa suja no corredor porque a luz da escada do prédio mal vencia a escuridão do apartamento. Uma lâmpada estava dependurada em um fio solto do teto, mas sem funcionar; da cozinha, que pelo visto também era utilizada como central de coleta de lixo, um cheiro podre penetrou-lhe no nariz. Ao final de um corredor estreito, a porta de um dos quartos estava aberta. Alex não conseguia ver quantas pessoas havia deitadas no chão, o quarto parecia ocupado até o último centímetro.

Alguns estavam deitados sob cobertores, alguns dividiam sacos de dormir com outra pessoa. Uma mistura de cheiro de nicotina e de suor dominava o ambiente. As janelas estavam fechadas com fita adesiva, apenas um finíssimo rastro de luz penetrava através de uma fresta estreita. Alex passou por cima dos corpos, mal se podiam reconhecer os rostos com aquela iluminação, às vezes alguém resmungava quando ele esbarrava com os pés. Encontrou Bruno debaixo da janela, estava deitado dentro de um saco de dormir com uma menina. Inclinou-se para baixo em sua direção e sacudiu-o pelos ombros. A menina murmurou algo incompreensível e virou-se de lado.

— Vamos, acorde, preciso falar com você agora. — Alex precisou repetir a frase diversas vezes até Bruno reagir.

— Ei, calma aí, o que aconteceu?

Alex pegou-o por baixo dos braços e puxou-o para cima. Bruno defendeu-se fracamente, mas, mesmo se estivesse descansado, fisicamente não teria chances contra Alex.

— Está bem, está bem, já vou. — Sentou-se e esfregou os olhos. Alex já não tinha certeza de que Bruno o estivesse reconhecendo. — Ao menos me deixe fazer um café primeiro.

Saiu do saco de dormir e arrastou-se até a cozinha. Alex preferiu esperar por ele no corredor. Após alguns minutos, Bruno retornou com uma xícara de café e levou-o até um quarto vazio do outro lado do corredor. Sentaram-se em duas das caixas de mudança que ainda estavam cheias.

— Você não deve bater bem da cabeça, chega e me arranca no meio do meu sono. Não é assim que se consegue alguma coisa comigo. Invadir o apartamento como um cana e me acordar. Cara, eu acho que você pirou.

Alex estava sentado à sua frente, calado. Tinha apertado os olhos enquanto Bruno falava. Para manter o controle sobre as mãos, cruzara os braços em frente ao peito.

— Fique frio, cara, vou contar o que sei. Mas depois não quero mais saber dessa história, entendeu?

A pulsação de Alex acelerou rapidamente, sentiu uma explosão interna se aproximando. Apenas o fato de continuar precisando de

Bruno o preservou de uma dolorosa "sessão de adestramento", como Alex costumava dizer. Levantou-se e parou a poucos centímetros de Bruno, obrigando-o a olhar para cima.

– Ouça bem. Não estou lhe pedindo uma receita culinária, quero saber é quem matou a minha garota. É por isso que estou nervoso. Dá para entender? Além do mais, foi você, com o seu bilhete, quem me pediu que viesse até aqui. E então, o que mais você sabe? – insistiu Alex.

Bruno bebeu um gole do seu café e limpou a boca com a mão. O café parecia despertar um pouco de vida no seu corpo.

– Vamos, sente-se novamente, isso está me deixando nervoso. Alex voltou até a caixa e sentou-se.

– Eu tinha contado que vi esses dois tipos pelo olho mágico. Depois desci para comprar cigarros na máquina aqui ao lado. Havia um Mercedes verde, um desses classe S antigos, estacionado em frente ao prédio. Achei esquisito, porque estava estacionado com duas rodas na calçada, apesar de ter espaço suficiente para estacionar corretamente. E estava sem a placa da frente, a placa estava sobre o painel atrás da janela. A carroceria parecia bastante acabada. Gravei as letras porque formam o nome do meu irmão: MAX. Quando mais tarde os canas chegaram, olhei pela janela e o carro não estava mais lá. Talvez ele fosse dos caras que acabaram com a sua garota.

– Pense bem, não consegue se lembrar dos algarismos? – Os olhos de Alex fitaram Bruno com insistência. – Eram três ou quatro?

Bruno encolheu os ombros magros e balançou a cabeça.

– Sabe, cara, é a mesma coisa que eu tanto odeio nos canas. Você conta alguma coisa, e eles querem saber sempre mais, já não agüento mais ouvir isto: "Pense bem, o senhor certamente se lembra de mais alguma coisa, não nos obrigue a utilizar outros meios, etc., etc." Falei tudo o que eu sabia, e acho que eram quatro algarismos depois das letras. Mas agora seria muito legal se você fosse embora. Não quero me envolver mais nesse assunto. Só pensei em te ajudar porque achei uma sacanagem o que fizeram com a garota, era uma gata muito bacana. Mas chega, não tem mais nada além disso. O que vai fazer com isso é problema seu.

Alex refletiu rapidamente, mas percebeu que não adiantava continuar a insistir com Bruno.

— Está bem, estou indo embora. Se lembrar de mais alguma coisa, basta dar um toque.

Bruno levou-o até a porta sem dizer nada.

— Quer um conselho de amigo? Se alguma vez estiver se sentindo no fundo do poço, fume um pouco, isso ajuda — ainda sugeriu amigavelmente quando Alex saiu.

Ele fechou a porta, Alex saiu correndo para o seu apartamento.

— Bauer, vamos conseguir pegá-los. Descobri uma coisa que pode nos ajudar um bocado. Está com tempo agora?

Quando o celular tocou, Bauer estava no banco para trocar dólares para a sua viagem, os pensamentos totalmente concentrados em não esquecer nada. Na realidade, não tinha tempo algum no momento, mas talvez a informação de Alex fosse realmente importante. Combinaram um encontro no café de sempre, e, uma hora depois, Alex contou-lhe o que descobrira.

— Você tem como conseguir uma lista de todos os Mercedes desse tipo com essas letras na placa? — perguntou.

— Normalmente, quando estou em serviço, isso não é problema algum, mas agora será complicado. Preciso tentar encontrar um colega que resolva isso para mim.

Alex gesticulou fortemente com os braços.

— Pelo amor de Deus, deve haver alguém que esteja do seu lado, ou será que todos acreditam que você é corrupto? Não é possível uma coisa dessas!

— É verdade. Mas está esquecendo que as pessoas estariam arriscando os seus empregos se me ajudassem agora. Mas tenho uma idéia, vou tentar.

Separaram-se, e Bauer refletiu. Lembrou-se de Doris Buck, uma colega nova em sua repartição que ele prezava muito. Apesar de ter completado apenas trinta anos recentemente, desde o início conseguira conquistar o respeito dos colegas mais velhos também, sendo sempre gentil e camarada com todo mundo, mas demonstrando claramente os limites, especialmente àqueles que viam uma mulher na repartição mais como um elemento de entretenimento do que como uma investigadora completa. Lembrou-se do último caso no qual haviam trabalhado juntos. A mulher de um entregador de drogas já estava sendo interrogada havia cinco horas, até então não fora possível arrancar-lhe sequer uma palavra sobre os cúmplices do seu marido. Mas Doris não desistira e conseguira os nomes depois de ele e outro colega terem deixado a sala para que ela pudesse conversar a sós com a mulher.

Nesse ínterim, passara a ser respeitada pela maioria dos colegas, e Bauer percebera que eles dois seguiam a mesma linha de pensamento no trabalho. Independentemente de quantas horas ela já tivesse trabalhado, se ainda tivesse algo para resolver e um colega precisasse de auxílio, ela estava lá. Era policial por convicção. Assim como a ele, diversas coisas lhe desagradavam na instituição, que, às vezes, mais atrapalhava do que apoiava o seu trabalho, mas ela aprendera a lidar com isso e a não começar discussões sem sentido. Entretanto, quando sentia que algo era importante para ela, defendia sua opinião mesmo que com isso nem sempre despertasse o entusiasmo do chefe, Frank Tomer. Ao ser preso, ela fora a única pessoa que dera a entender que não acreditava ter sido ele quem revelara as batidas policiais. Talvez ela o ajudasse. Mas restava-lhe apenas aquele dia. Quanto mais rapidamente a encontrasse, melhor.

Em frente ao café, pegou o celular e discou o número de Doris.

— Mas que surpresa, Ricardo, como está? — perguntou, admirada.

— Bem, você deve imaginar. Já tive fases melhores, mas não quero me queixar. Doris, sei que provavelmente estarei exigindo muito de você, mas preciso de uma ajudinha, e gostaria de perguntar se você teria tempo hoje para um rápido encontro, dentro de uma hora ou algo parecido?

— Sabe quais foram as ordens que recebemos aqui? — perguntou ela, acreditando que ele já tivesse sido informado por um colega.

— Não, não faço idéia.

— Recomendaram-nos que evitássemos qualquer contato com você durante o andamento do processo para não levantar a suspeita de também estarmos envolvidos nessa história de corrupção. Mas já lhe falei sobre o que acho dessa investigação contra você. Eles não podem me impedir que eu o encontre no meu tempo livre. Mas acho que num café não seria uma boa. Se quiser, podemos nos encontrar na minha casa, você sabe onde moro.

Bauer já a levara para casa algumas vezes depois de operações policiais e conhecia o endereço. Marcaram um encontro para o começo da noite.

Doris Buck morava em um antigo quarto-e-sala em Neuhausen, um dos bairros mais nobres da cidade. Mudara-se para ali um ano após a separação do marido, um colega de profissão. Bauer não sabia muito da sua vida particular, porque quanto a isso ela se mantinha bastante reservada. Precisou andar durante quase meia hora no bairro até finalmente encontrar uma vaga. Uma forte chuva começou a cair, e ele mal conseguiu alcançar a entrada do prédio antes de ficar totalmente encharcado.

Quando ela abriu a porta, de início ele quase não a reconheceu. Se, no trabalho, ela costumava ficar sem maquiagem e ter um estilo informal, na maioria das vezes vestida de maneira pouco feminina, agora ela vestia um conjunto azul-escuro com uma blusa cor de champanhe que salientava claramente suas formas. Os cabelos castanhos, em geral presos em um rabo-de-cavalo, caíam-lhe agora sobre os ombros, conferindo ao rosto uma aparência mais cheia e atraente.

– Será que alguém esqueceu o guarda-chuva? – perguntou em tom levemente irônico enquanto o observava de cima a baixo com um sorriso.

– É assim que se identifica um investigador de ponta! Como você percebeu isso rápido... – respondeu Bauer.

– Entre, sairei com uma amiga ainda hoje, por isso já me troquei, mas ela só chegará daqui a mais de uma hora. Temos bastante tempo para conversar.

No corredor, o olhar de Bauer caiu sobre diversas fotos que a mostrava como pára-quedista.

– Você salta com freqüência? – perguntou Bauer, curioso, e ao mesmo tempo surpreso por esse hobby.

– Quando dá, ao menos uma vez por mês, exceto no inverno, é claro. Sou sócia de um clube. Divirto-me muito voando assim em direção à Terra, a cabeça fica totalmente livre.

Levou-o até a sala, que ela havia decorado com móveis modernos com muito vidro e madeira clara.

– Sente-se, Ricardo. Deseja beber alguma coisa, talvez uma cerveja?

Bauer sentou-se em uma poltrona que formava conjunto com um sofá e uma mesa de vidro.

– Quero, sim, por favor, uma cerveja seria ótimo.

Doris Buck desapareceu rapidamente na cozinha e, quando voltou com a garrafa, sentou-se ao seu lado. Enquanto enchia o copo, Bauer notou que ela estava nervosa, a cerveja transbordou. Ela olhou para Bauer, o rosto parecia tenso.

– Ricardo, antes de conversarmos sobre o que eu devo fazer para você, quero lhe dizer que só concordei com este encontro porque tenho certeza de que posso confiar cem por cento em você. Não importa o auxílio que lhe darei, isso precisa ficar totalmente entre nós dois, agora e mais para frente também, independentemente de como a coisa irá se desenrolar. – Ela fez uma pausa e limpou a espuma do tampo de vidro. Antes que Bauer pudesse responder, prosseguiu: – Bem, amo o meu trabalho, e também preciso dele, você sabe, eu mesma me sustento. Não tenho marido rico, no momento sequer um pobre, e também não ganharei nenhuma herança milionária. Isso significa que, se estou fazendo algo por você, é porque acredito que você não seja a pessoa que eles estão procurando, e tenho certeza de que não estejam lhe dando uma chance justa.

Levantou-se e desligou o rádio, que até então estivera tocando baixinho no fundo.

– Estão tão convencidos das provas que encontraram, que temo estarem desprezando outras pistas que talvez o favorecessem. Além disso, nós dois sabemos quanto tempo podem durar investigações no exterior.

Bauer virou-se para ela e olhou-a nos olhos.

– Doris, você pode ter certeza absoluta de que não direi nada a ninguém sobre a nossa conversa.

– O que a sua mulher está achando disso?

– Marion não sabe de nada. Pensei durante muito tempo se deveria contar a ela. Mas ela está grávida, e simplesmente estou com medo de que perca o bebê com a agitação.

– Compreendo, mas imagino que esteja sendo bastante difícil manter tudo isso em segredo.

– E está, todos os dias temo a hora de chegar em casa e ela me perguntar novamente pelas novidades no trabalho. Mas eu me convenci de que, por mais difícil que esteja sendo para mim, simplesmente é o melhor caminho no momento.

– Não acha que pode estar subestimando sua mulher? Afinal ela o conhece, você acha que ela realmente acredita que você poderia ser corrupto? Acho que vocês homens muitas vezes nos julgam mais fracas do que somos.

– Sinceramente, não sei. Talvez tenha razão, mas me pergunto o que aconteceria se não fosse o caso. Você, naturalmente, vê o nosso trabalho com outros olhos porque está envolvida com ele. Mas para alguém de fora, como Marion, muitas coisas ficam sem explicação. E se então levantam acusações como essas contra o próprio marido? Pode acreditar, eu daria tudo para saber qual seria a reação de Marion.

Doris Buck havia apoiado a cabeça nas mãos, os olhos pensativos.

– Difícil situação, não importa o que você faça, mas talvez devesse pensar mais uma vez a respeito. Porque, se Marion souber por outros meios, as coisas certamente não ficarão mais simples. Você já conseguiu descobrir algo que pudesse ajudá-lo? – perguntou Doris, a quem ele havia contado muito vagamente no seu último telefonema que também estava tentando, por conta própria, conseguir provas que o ajudassem a comprovar sua inocência. Mesmo dando razão a Port de que ninguém deveria ficar sabendo que ele próprio estava investigando, sentiu-se obrigado a informar Doris ao menos superficialmente. Senão, como poderia provar para ela que era realmente inocente? Além disso, dificilmente esperaria dela que arriscasse o seu emprego por ele, se ele também não confiasse nela.

– Já, vi o requerimento de abertura de conta no banco suíço. A papelada incluía uma cópia do meu passaporte com a minha foto, portanto essa pessoa deve ter levado o meu passaporte na época, ou então apresentou uma cópia. Lembro-me de tê-lo deixado no escritório há algum tempo para resolver uma coisa, e depois o procurei durante duas semanas até encontrá-lo. Provavelmente alguém aproveitou a oportunidade e tirou-o do meu casaco, fez uma cópia e depois o colocou de volta. E a assinatura do requerimento de abertura é uma imitação perfeita, impossível de ser reconhecida.

– Inacreditável. Será um trabalho duro esclarecer isso – comentou Doris, inspirando profundamente.

– Você ficou sabendo de alguma coisa sobre a minha investigação? – perguntou Bauer. Logo arrependeu-se da pergunta, porque naturalmente ela não poderia dizer-lhe nada em relação a isso, por mais que soubesse.

– Agora está sendo injusto, Ricardo! Sabe que com essa pergunta você pode me colocar numa situação extremamente embaraçosa, mas realmente não sei de nada, porque os colegas do departamento que estão trabalhando no seu caso não comentam nada conosco. Mas sei que alguns de nós pensam como eu, mesmo que não o confessem abertamente. Ou seja, não sei nada de concreto sobre o seu caso, apenas ouvi que eles não parecem estar com tanta pressa, estão resolvendo os casos calmamente um atrás do outro, e você sabe que isso pode levar tempo.

– Este é justamente o meu problema, exatamente isso, não posso ficar simplesmente esperando até que eles terminem. Preciso fazer o que estiver ao meu alcance para progredir no caso. Porque se eu conseguir apresentar provas, eles terão de reagir, essa é a minha única chance.

– Tudo bem. O que exatamente devo fazer para você? – perguntou Doris, e ele percebeu que ela não estava à vontade; portanto, não queria esticar a conversa à toa.

– A namorada do meu informante caiu da janela há alguns dias e morreu. Os colegas que estiveram no local não perceberam nada de incomum, e a necropsia também não deu indícios de que ela não tivesse pulado por vontade própria. Tudo indica ter sido um suicídio normal. Mas um vizinho viu dois homens subindo com ela para o apartamento um pouco antes de ela pular. E agora estamos desconfiados de que ela possivelmente tenha sido empurrada por eles pela janela ou tenha sido forçada a pular. Entretanto a testemunha, um junkie, não quer depor de jeito nenhum na polícia, parece já ter passado por algumas experiências. Mas ele gravou parte de uma placa de um carro que naquele momento estava estacionado de maneira estranha em frente ao prédio e que depois desapareceu. Era um Mercedes da classe S, um modelo mais antigo, com as letras MAX na placa, os algarismos ele não gravou. Era dela que Alex recebia suas informações sobre o bordel ilegal que desencadeou tudo isso, e agora ele está suspeitando de que as mesmas pessoas envolvidas com a minha história também tenham assassinado sua namorada. Confesso que não considero isso tão impossível assim.

Doris, que estava sentada ao seu lado no sofá, cruzou os braços atrás da cabeça e olhou para ele com ar de dúvida.

– E por que esses caras a teriam matado?

– Só me resta supor que talvez tenha sido para mostrar para todo mundo o que acontece quando uma garota coopera com a polícia. Você sabe tão bem quanto eu em que condições elas são obrigadas a viver. Sobram-lhes apenas alguns euros para uso próprio, o resto elas precisam entregar. E isso só funciona enquanto a intimidação surte efeito e elas não nos procuram. Um assassinato desses é a melhor maneira de mostrar para todo mundo que estão falando sério.

– Você pode ter razão, sim – respondeu ela. – E agora você quer que eu consiga os nomes de todos os proprietários de carros desse modelo com essa combinação de letras?

– Isso, e não imagino que haja tantos em Munique, talvez não cheguem a dez. Quando tivermos os nomes – naturalmente, contanto que o motorista do carro realmente esteja envolvido com o assassinato –, teremos avançado um bocado. Talvez consigamos traçar um paralelo entre ele e um dono de bordel, o que naturalmente nos ajudaria muito.

– Compreendo, mas primeiro preciso pensar no que dizer, se alguém da repartição me perguntar sobre o motivo de minha consulta. Mas certamente terei uma idéia. Farei isso amanhã, mas você sabe que pode levar até uma semana até o resultado chegar.

– Sem problemas, em todo caso sou-lhe realmente muito grato. Mas agora a deixarei em paz, sua amiga deve chegar a qualquer momento.

Levantaram-se. Doris olhou para o relógio.

– Ainda tenho um pouco de tempo, preciso dizer sinceramente que me sinto estranha por estar sentada aqui com você enquanto, ao mesmo tempo, os colegas o estão investigando. Precisarei me acostumar a que agora, na realidade, estarei trabalhando contra eles, ou... – Ela interrompeu-se. – Esqueça, não trabalho a favor nem contra ninguém, trabalho para descobrir o que realmente aconteceu, essa é a minha função. Mas espero realmente que você mantenha sua palavra e que ninguém fique sabendo disso. Posso confiar em você?

Ele a compreendia muito bem naquele momento, isso era incomum para ele também, e não se sentia confortável por colocá-la naquela situação. Mas precisava dela para obter informações.

Ficou de frente para ela, segurou-a nos ombros e olhou-a nos olhos.

– Doris, você pode confiar cem por cento em mim. Não me agrada nem um pouco fazer isso, e também refleti muito a respeito antes, mas infelizmente não vi outra saída, espero que você entenda. Se não quiser fazer, por favor seja sincera e me diga, afinal não quero lhe causar noites de insônia.

– Não se preocupe, também não é tão grave assim, na verdade não farei nada além do que costumo fazer, ou seja, tentar trazer a verdade à tona. É que desta vez será um pouco fora do caminho comum, apenas devemos ser realmente cautelosos para não criarmos problemas desnecessários. O melhor é que você me ligue daqui a uma semana, para não corrermos o risco de alguém na repartição perceber que estou discando o seu número.

Foram até a porta. Bauer estendeu-lhe a mão.

– Muito obrigado por tudo, e desejo uma boa noite.

– Tudo de bom para você, e pense mais uma vez a respeito de Marion. Até a próxima semana.

Bauer saiu. Sentira muito calor no apartamento, inclusive porque estava desconfortável por pedir um favor a Doris. O ar fresco lhe fez bem, inspirou-o profundamente. Sua roupa estava quase seca, apenas o casaco de couro continuava pesando sobre os ombros por causa da umidade. Perguntou-se qual dos outros colegas, a maioria dos quais já conhecia havia bem mais tempo que Doris, teria assumido esse risco por ele, por mais que acreditasse na sua inocência. Antes da visita à casa de Doris, não tivera idéia de como ela reagiria. O fato de ela ter se disposto prontamente a auxiliá-lo levantou o seu ânimo. Pela primeira vez desde a sua suspensão voltara a ter a sensação de não estar totalmente excluído. Ouvir que outras pessoas também acreditavam na sua inocência fez com que se sentisse melhor. Mas por enquanto nada estava resolvido, todas as provas continuavam contra ele.

Marion já estava em casa e começara a arrumar sua mala.

– Precisarei sair cedo amanhã, nosso vôo parte às 6h30. Tentarei fazer o mínimo de barulho ao me levantar. Infelizmente só não tenho como evitar o despertador, não consigo acordar sozinha às quatro horas.

– Não se preocupe. Quer que eu a leve ao aeroporto?

– Não precisa, obrigada, nosso designer gráfico, com quem farei a viagem, passará aqui para me pegar.

Ao acordar no dia seguinte, sua cama já estava vazia. Ela deixara um bilhete sobre o travesseiro, desejando-lhe tudo de bom para a sua viagem e pedindo-lhe que ligasse para ela assim que chegasse. Ele ainda queria ir até o centro, principalmente para comprar um livro sobre empresas-fantasmas e as possibilidades de investimentos anônimos que Port lhe sugerira. Não sentiu vontade de tomar café-da-manhã, pegou uma barra de cereais no armário e saiu.

Como já eram 9h, restavam apenas poucos carros na garagem subterrânea. Bauer cruzou a saída do prédio com o seu BMW e virou na rua, onde quase não havia trânsito. Mal avançara alguns metros quando repentinamente ouviu um ciclista gritar atrás de si, o que o fez olhar pelo retrovisor. Aparentemente, um VW Passat prata não vira, ao sair da vaga, o ciclista que estava passando e quase o atropelara. Enquanto o homem continuava gesticulando fortemente, o carro seguiu o seu caminho, na mesma direção de Bauer. Este não prestou mais atenção, voltou a concentrar-se no trânsito à sua frente e dirigiu para o centro da cidade. Na primeira livraria que entrou, não tinham o livro. Retornou ao carro, que havia estacionado a poucos metros na beira da rua. Dois carros atrás do seu, viu um Passat prata. Chamou-lhe a atenção porque havia dois homens dentro dele, fumando. Imediatamente lembrou-se das inúmeras observações que já fizera, quando haviam passado horas e mais horas dentro do carro, sempre na esperança de a pessoa a ser observada finalmente sair do prédio. Talvez, pensou, sejam colegas de outra repartição que não conheço e que estejam em serviço. Mas então se lembrou do incidente em frente ao seu prédio pela manhã. Não fora um VW Passat do mesmo modelo? Ele havia olhado pelo retrovisor apenas de relance, não tinha certeza quanto ao modelo. Talvez os seus nervos já estivessem muito sobrecarregados, pensou. Não podia ver a placa dali, o carro estava em uma vaga muito apertada. Ao voltar para casa, olhou várias vezes pelo retrovisor, mas não viu mais o carro. Entrou na garagem e, quando estava entrando no apartamento, decidiu dar mais uma olhada no Passat. A portaria do prédio era separada da rua por uma cerca viva, e a entrada para a garagem subterrânea ficava a aproximadamente cinqüenta metros dali, porque fora construída para atender a vários prédios.

Cuidadosamente andou ao longo da cerca e, num pedaço onde as plantas não estavam tão juntas umas das outras, conseguiu ver a rua. Será que já estaria sendo observado pelo lado oposto, como dissera o advogado? Até então se sentira seguro e ao menos não pessoalmente ameaçado, mas isso mudaria por completo se agora estivessem parados em frente ao seu prédio. Não poderia mais dar nenhum passo sem ser observado, ao menos não sem antes despistá-los.

Seu olhar tentou abranger toda a rua. Por ser sexta-feira, muitos moradores já estavam em casa a essa hora, e, como grande parte deles tinha dois carros mas apenas uma vaga na garagem, praticamente todas as vagas da rua já estavam ocupadas. Ele percorreu os carros um a um. Eles moravam num chamado bom bairro residencial, o que podia ser constatado também pelas marcas. BMW, Mercedes, Audi, quase todos caros e bem-tratados. Seu olhar já chegara quase ao final da rua e a tensão começou a diminuir quando o avistou. Estacionado na última vaga da longa fileira, com vista livre para a saída da garagem subterrânea. Viu apenas uma pessoa no assento do carona, a visão do motorista estava encoberta. Era o Passat prata que vira ainda havia pouco, quanto a isso não tinha dúvidas, e, pelo visto, estavam esperando que ele saísse novamente da garagem.

O que queriam? Verificar com quem ele se encontrava ou esperar por uma oportunidade para, quem sabe, empurrá-lo para fora da rua? Estava havia anos na polícia, mas jamais fora ameaçado em sua vida privada. De onde sabiam onde ele morava? Seu endereço era protegido, apenas a repartição o conhecia. Quem o passara adiante para aquelas pessoas? Não conseguiria descobrir isso no momento, mas era evidente que a partir de agora teria de ser mais cauteloso, principalmente ao encontrar-se com Alex ou Doris. E quanto à ida ao aeroporto no dia seguinte, também precisaria ter uma idéia, de forma alguma poderia ir no seu carro.

Bauer voltou ao apartamento e preparou uma xícara de chá para refletir calmamente sobre como chegar escondido ao aeroporto. Depois assistiu à transmissão de um jogo de futebol antes de ir dormir.

Passava das 23h, e ele estava pegando no sono, quando o telefone tocou. Na realidade, estava cansado demais para levantar-se mais uma vez, mas pensou que talvez pudesse ser Marion, que já ligara durante o dia após sua chegada a Londres. Talvez tivesse retornado ao hotel e quisesse falar com ele novamente. Pegou o telefone.

– Alô? – perguntou com uma certa alegria por poder falar mais uma vez com Marion antes da sua viagem, mas ninguém respondeu. – Alô, quem está aí? – tornou a perguntar, impaciente, mas novamente apenas o silêncio respondeu. Desligou.

Então também tinham o número do seu telefone, e aparentemente queriam verificar se ele deixara o prédio novamente a pé porque, do seu carro, não podiam ver a portaria do prédio, apenas a garagem subterrânea. Esta também era uma opção viável para o dia seguinte. Agora estava totalmente desperto e demorou bastante tempo para conseguir adormecer.

Pedira o táxi para as 7h e dera um endereço a duas quadras do seu apartamento. À noite, havia perguntado ao seu vizinho, que trabalhava no setor administrativo da universidade e sempre saía a essa hora, se poderia lhe dar uma pequena carona, já que o seu carro estaria quebrado. E então, pouco antes das 7h, saíram no carro dele da garagem subterrânea para a rua, que a essa hora tinham postes de luz mergulhados numa aura fantasmagórica.

Tinha absoluta certeza de que aqueles que o estavam observando estavam fixados no seu carro e, mesmo que quisessem, não o reconheceriam no carro na escuridão, sobretudo por estar usando um boné velho que ele outrora comprara para uma fantasia de carnaval. Como era uma área residencial com velocidade máxima permitida de 30 km/h, desceram lentamente a rua na direção em que o Passat estivera estacionado na véspera. E lá estava ele novamente, estacionado quase no mesmo lugar. Bauer viu apenas um homem no carro; será que dessa vez teriam ainda um segundo carro?

Precisava ser cauteloso, mas, ao olhar no pequeno espelho do pára-sol, viu que nenhum carro os seguia. Após cem metros, quando já estavam fora do campo de visão do Passat, ele saiu do carro do vizinho e, mais uma vez, olhou à sua volta. A rua continuava totalmente vazia, pelo visto ninguém o seguira.

Rapidamente correu até o táxi que já o aguardava e pediu ao taxista que o levasse ao aeroporto. Por ora, este problema está resolvido, pensou, portanto não o perseguiriam durante a viagem, porque ninguém, além de Marion, do advogado e de Port, sabia a respeito.

Capítulo 13

O vôo de Munique até Miami pareceu-lhe interminável. As últimas semanas haviam lhe tirado a tranqüilidade, estava cansado, mesmo assim não conseguia dormir. Exausto, saiu do avião para esperar por mais duas horas até o vôo da American Airlines decolar pontualmente em direção às Ilhas Virgens Britânicas. Além de casaizinhos sedentos de sol, também havia a bordo alguns homens viajando sozinhos, e Bauer tentou imaginar como eles ganhavam o dinheiro que, muito provavelmente, administravam através das suas empresas-fantasmas nas Ilhas Virgens Britânicas. Já estava escuro quando a aeronave começou a se preparar para o pouso em Tortola. Até onde se podia observar, a ilha era bastante montanhosa, e ele viu luzes de casas e ruas em diferentes alturas.

O ar tropical úmido o recepcionou. Então havia chegado ao destino, ele, Ricardo Bauer, o policial em missão própria e secreta, disse a si mesmo com um sorriso tímido.

O motorista de táxi que o levara até o hotel, um mulato simpático, parecia estar animado com o final do expediente. De janelas abertas e ao som de reggae, atravessaram Tortola, que, ao contrário das suas expectativas, tinha poucas ruas. De certa forma, imaginara que fosse diferente. Por outro lado, as empresas-fantasmas não requeriam muito espaço. Seu hotel lhe parecia mais uma grande casa particular perdida num extenso terreno cortado por um caminho de terra. Na casa de dois andares, que provavelmente não tinha mais de vinte quartos, havia luz apenas na recepção. Uma negra corpulenta, que praticamente preenchia todo o ambiente com o seu corpo, estava sentada atrás de uma mesa em cuja madeira a umidade já deixara marcas visíveis. Ela o cumprimentou gentilmente, como se apenas o estivesse aguardando para poder ir embora. Aparentemente, o mais importante para ela era o ventilador sobre a mesa. Enquanto preenchia a ficha de inscrição e entregava a chave a Bauer, prestava minuciosa atenção para não sair do alcance da corrente de ar por algum movimento impensado. Contudo nem isso impedia que o suor lhe escorresse pelo pescoço, deixando marcas escuras na gola da sua camiseta azul-clara.

Mais minutos cansativos até ele finalmente chegar ao seu quarto, cuja decoração se resumia ao absolutamente indispensável, com uma cama, um armário e uma mesa baixa. Um cheiro levemente azedo penetrou-lhe o nariz, aparentemente oriundo da resposta caribenha à naftalina européia. Ele tinha certeza de que deviam matar tudo que, num sentido mais amplo, pudesse ser classificado como inseto. Mas o quarto tinha um ventilador de teto, cujo funcionamento ele testou de imediato e que ao menos movimentava um pouco o ar, ainda que não alterasse quase em nada o cheiro.

Deitou-se na cama, atormentado pela dúvida. Indagava a si mesmo se o veneno contra insetos não estaria numa dosagem excessiva e se ele não sentiria fortes dores de cabeça no dia seguinte. O cansaço afastou suas preocupações, estava exausto e, apesar da fome, não sentia a menor vontade de sair novamente da casa. E no hotel não havia nada para comer, isso era evidente. No outro dia alugaria um carro e se ambientaria um pouco na região. Também não poderia mais telefonar para Marion agora, em Londres já eram 5h, o telefonema precisaria ficar para amanhã.

Ao acordar, o quarto estava iluminado pela luz do sol. Foi até a janela e abriu a cortina fina cujo colorido desaparecia debaixo de uma nítida camada de poeira. Seu olhar caiu sobre palmeiras altas que se moviam ao vento fraco a poucos metros dali. Atrás, o mar verde-azulado, e outra ilha que parecia não passar de uma montanha coberta por mata até o pico e lembrava um dedal. Viver numa paisagem tão fantástica...?

Uma batida na porta interrompeu os seus sonhos.

— Senhor, caso queira tomar o café-da-manhã, estaremos abertos até as 9h.

Pela voz, era novamente a mulher da recepção, pelo visto a única funcionária da casa. Ele olhou para o relógio, já eram 8h30. Precisava apressar-se, sua fome não aturaria um jejum matinal.

Aparentemente, Marion estava em alguma reunião naquele momento, portanto restou-lhe deixar uma mensagem de que chegara bem na caixa postal do celular dela. Quando alugou o carro, sentiu-se melhor. Agora podia locomover-se e ambientar-se um pouco na ilha. A casa onde ficava a empresa fiduciária Scott & Scott era uma elegante mansão de dois andares, pintada em cor pastel, a entrada majestosamente emoldurada por dois pilares. Ficava numa colina, com vista para o iate-clube onde os veleiros brilhavam ao sol.

Na região havia mais construções empresariais, e, pelas placas, deduziu que todas as grandes empresas de consultoria que ele conhecia da mídia tinham uma filial ali. Este provavelmente seria o local em que o seu destino profissional seria traçado. Se, ao embarcar no avião no tempo frio e nebuloso de Munique, ele ainda estivera cheio de dúvidas quanto às expectativas de sucesso da viagem, agora, inspirado pelo clima caribenho, sentia-se confiante. Já tinha montada em sua cabeça toda a história que queria contar à empresa fiduciária. O detetive ainda lhe recomendara não mencionar o seu verdadeiro nome, afinal nunca se sabia que rumo as coisas tomariam. Dirigiu de volta ao hotel e foi até o quarto para telefonar. Agora as coisas estavam ficando sérias. Conseguiria marcar uma reunião para o dia seguinte, ou lhe diriam que não tinham horários livres para as próximas semanas? Isso seria catastrófico.

— Scott & Scott, em que posso ajudar? — perguntou uma simpática voz feminina.

— Meu nome é Brunner, recomendaram-me a sua empresa para uma abertura de conta, e por isso gostaria de agendar uma reunião.

— Um momento, vou transferir sua ligação para a Sra. Sanchez.

Sentiu a pulsação até o pescoço, o calor do quarto cooperando para que o suor lhe escorresse da testa.

— Maria Sanchez. Olá, em que posso ajudar?

Bauer contou-lhe rapidamente o que queria.

— O senhor já está em Tortola?

— Sim, já estou na ilha e portanto ficaria muito grato se conseguisse marcar uma reunião em curto prazo.

— Normalmente, nossos contatos com clientes europeus acontecem através do nosso escritório em Londres, é raro alguém vir diretamente até aqui. Mas, tudo bem, já que o senhor já está aqui, venha amanhã às dez horas. Seu nome é Brunner, se entendi bem?

— Isso, Stephan Brunner — respondeu Bauer.

— Pergunte por mim na recepção, Maria Sanchez. Sou a responsável pelos clientes europeus. Até logo.

Bauer desligou o telefone. Ficou mais animado, o começo fora perfeito. Podia continuar assim. Decidiu aproveitar o dia, deitar-se ao sol em algum lugar e repassar o diálogo do dia seguinte na cabeça. Mais uma tentativa de falar com Marion. Desta vez, ela atendeu.

— Como estão as coisas em Londres, tudo como esperado? — perguntou, inseguro. Em pensamento, já estava na réplica que inevitavelmente viria.

— Obrigada, amor, está sendo bastante cansativo. Só o fato de ter que falar inglês o dia inteiro já exige muita concentração. Mas o cliente está satisfeito com o nosso trabalho, e isso é o mais importante. E como estão as coisas aí?

— Ainda não tenho muito que dizer, só cheguei ontem à noite. O vôo foi muito cansativo porque não dormi nem um minuto, mas agora está fazendo sol, e é fantástico aqui, as ilhas têm bastante vegetação, e o tempo está maravilhoso.

— Nada mal, está me deixando com inveja. Tome cuidado para não queimar a pele durante o trabalho.

— Obrigado, farei isso, e se cuide você também, volto a telefonar amanhã, quando você chegar em casa.

Aliviado, desligou o telefone. Aparentemente ela não percebera nada, acreditava que ele estava viajando a trabalho. Tirou da mala a câmera fotográfica que Port lhe emprestara. Já treinara tanto com a câmera em casa que agora seria capaz de usá-la até de olhos fechados. Se tivesse uma oportunidade, certamente não seria por isso que a perderia. Levantou-se e saiu do quarto.

Se, por um lado, o hotel era pouco confortável por dentro, por outro lado a localização, que não lhe chamara a atenção na sua chegada na noite anterior, era surpreendente. Além da casa, havia uma maravilhosa piscina diretamente na praia, com um pequeno restaurante. O murmúrio do mar era tudo que ele ouvia, apenas um casalzinho de meia-idade estava deitado nas espreguiçadeiras e lendo. Fora isso, não via ninguém. O sol, que agora, um pouco antes do meio-dia, estava quase verticalmente acima dele, iluminava os diversos barcos que passavam entre as ilhas e, com suas velas brancas, o verde das ilhas e a água verde-azulada compunham um cenário de cores quase irreal. Um vento agradável refrescava-lhe a pele. Imaginou-se de férias com Marion ali e naquele momento. Havia três anos não encontravam tempo para uma viagem mais longa, ou ela estava de férias e ele não conseguia se liberar do trabalho, ou acontecia o contrário. E quando, no verão passado, finalmente haviam reservado duas semanas de férias juntos, o pai dela falecera, e também não puderam fazer a viagem. Mas por que não quando tudo isso tiver passado?, pensou.

Capítulo 14

Depois de um dia na piscina em que a lembrança da visita à empresa fiduciária no dia seguinte mal o deixara em paz, foi dormir cedo. Ao passar pela recepção, a caminho do quarto, sentiu os olhos da negra seguindo-o. Aparentemente, ela não chegara a uma conclusão quanto à espécie de hóspedes a que ele pertencia. Estava sozinho, passara o dia na piscina, logo, não parecia estar ali a trabalho; e recolhia-se cedo, portanto também não queria se divertir.

– Senhor, se eu puder fazer alguma coisa pelo senhor, simplesmente me diga.

Bauer já havia passado por ela quando lhe dirigiu a palavra, surpreendendo-o. Não fazia idéia do que ela acreditava poder fazer por ele, mas também não queria perder tempo com isso.

– Obrigado, senhora, está tudo bem.

No dia seguinte chegou pontualmente às 10h à casa da empresa fiduciária, que parecia muito tranqüila. No estacionamento em frente à casa havia apenas dois carros japoneses, ao lado um Mercedes preto. Ainda no carro, pegou mais uma vez a minicâmera e testou se estava tudo funcionando. As mãos estavam úmidas de ansiedade quando a colocou de volta no bolso da camisa. Ao tocar a campainha, abriu-lhe a porta uma jovem de tailleur que devia ter, no máximo, vinte anos. Já falava o nome "Brunner" com uma naturalidade de admirar. Ela o levou através de uma recepção de mobília cinza moderna para uma sala de reuniões surpreendentemente sóbria. Paredes brancas vazias, nenhum quadro, apenas uma grande mesa de madeira e quatro cadeiras, assim como um aparelho de ar-condicionado, nada mais. Sentiu-se como numa daquelas salas de interrogatório de filmes policiais americanos. Só faltavam os policiais de cabelo aparado com seus suspensórios e mangas arregaçadas que rondavam a mesa como tigres esfomeados, enquanto deixavam a luminária de mesa apontada para o rosto do assassino até que este, temendo ficar definitivamente cego, confessasse tudo. A jovem pediu-lhe um pouco de paciência e fechou a porta. Ele sentou-se e repassou mais uma vez a conversa, quando a porta se abriu e Maria Sanchez entrou na sala. Ele não fizera idéia alguma do que esperar, mas, ao vê-la, não se surpreendeu. Uma empresa preocupada com sua reputação, que ganhava o seu dinheiro com clientes ricos, certamente teria funcionários exatamente assim.

Ela tinha 40 e poucos anos, era magra, devia medir 1,60 m, tinha cabelos escuros semilongos e levemente cacheados, e trajava um elegante conjunto cor de marfim. Apesar de certamente ser tudo, menos um especialista em moda, reconheceu que era de qualidade dispendiosa. A tez levemente morena o fez concluir que ela provavelmente seria latino-americana.

Os olhos escuros da mulher o observavam com olhar curioso.

– Bom dia, Sr. Brunner, é um prazer recebê-lo aqui. Não é comum os nossos clientes nos visitarem pessoalmente, por isso a decoração da nossa sala de reuniões também é um pouco sóbria, como o senhor pode ver, mas espero que isso não o incomode.

– Não, de maneira alguma – respondeu Bauer e sentou-se na cadeira que lhe fora oferecida.

Contou a sua história conforme já havia ensaiado inúmeras vezes, que pretendia abrir uma empresa etc. Ela prestava atenção e de tempos em tempos o interrompia com perguntas. A conversa foi mais fácil do que imaginara, mas, ao mesmo tempo, a cada minuto que passava ele se conscientizava mais e mais que tudo isso era apenas o começo, na realidade ainda totalmente insignificante, e que estavam se aproximando cada vez mais do momento em que a coisa ficaria séria, e ele veria se teria êxito.

— Deixe eu lhe mostrar os diferentes serviços que oferecemos.

Ela estendeu-lhe dois panfletos em papel brilhante. Bauer folheou-os rapidamente antes de colocá-los na mesa.

Conversaram sobre as diversas tarifas para cada um dos serviços, ela explicou-lhe tudo pacientemente. O diálogo estava chegando ao fim, não fazia idéia do que mais poderia perguntar. Agora precisaria tentar, ele sabia disso, não teria uma segunda chance.

— Muito obrigado pelas informações, pensarei sobre tudo isso com calma. A senhora é muito gentil. Posso pedir-lhe mais um pequeno favor? — perguntou no inglês mais cortês que conseguiu elaborar.

O fato de ele buscar palavras corretas pareceu impressioná-la, ela sorriu para ele.

— O que posso fazer pelo senhor, Sr. Brunner?

Ele contou-lhe sobre sua irmã, que ela perdera muito dinheiro num investimento de capitais, e que só teria possibilidade de reaver parte dele se soubesse quem estava por trás da empresa Tropa S.A.

Levemente constrangida, Maria Sanchez afastou uma mecha de cabelo do rosto.

— Sr. Brunner, sei que também escrevem muitas coisas negativas a nosso respeito como fiduciários das chamadas empresas offshore, que escondemos dinheiro ilícito, etc. Mas o senhor pode acreditar em mim, não temos interesse nesse tipo de negócio, eles apenas prejudicam a nossa imagem. Mesmo assim, volta e meia acontecem coisas do gênero, como, pelo visto, foi o caso com sua irmã. Sinto muito, e realmente gostaria de ajudar, mas todos nós somos obrigados a manter sigilo absoluto.

Bauer temera isso, estava preparado.

— Eu a compreendo, mas será que a senhora poderia verificar se a empresa ainda existe ou se já foi dissolvida?

— Está bem, como o senhor já está na ilha, vou pegar a escritura, mas isso pode levar alguns minutos.

Saiu da sala de reuniões, Bauer inspirou profundamente. Já era uma etapa vencida, pensou, mas como convencê-la a lhe passar informações da escritura? Um pouco depois, ela retornou com uma fina pasta registradora vermelha na mão.

– Bem, aqui está a escritura – disse e sentou-se à sua frente. Ela abriu a capa, em cima viu uma carta com o cabeçalho do governo das Ilhas Virgens Britânicas, aparentemente uma confirmação do cadastro da empresa. – Posso lhe dizer que a empresa ainda existe e foi fundada há oito anos. Isso não é segredo algum, porque também está no cadastro oficial de empresas do governo que todo mundo pode consultar. Entretanto mais do que isso infelizmente não poderei dizer, por mais que eu queira ajudar o senhor e sua irmã.

Bauer sentiu-se num beco sem saída; a conversa parecia ter definitivamente chegado ao fim.

Alguém bateu à porta.

– Entre, por favor.

A jovem que recepcionara Bauer entrou na sala.

– Sra. Sanchez, o Sr. Turner precisa falar-lhe urgentemente.

– Posso deixá-lo sozinho por um instante, Sr. Brunner? Volto imediatamente.

Saiu apressada e deixou a porta encostada. Bauer puxou a escritura à sua frente para perto de si e começou a folheá-la. Em cima estava o formulário de cadastro que ele já havia visto, atrás um texto contratual em inglês, aparentemente o contrato empresarial. Rapidamente colocou os papéis de lado. E então se assustou. De certa forma, não acreditara que este momento chegaria, mas agora parecia muito próximo. A página seguinte que se abriu era um fax com remetente alemão, um advogado de Munique chamado Rolf Haumer. Ouviu passos se aproximando da porta, fechou a escritura e empurrou-a de volta ao seu lugar.

Sentiu a pulsação aumentar, suas mãos estavam encharcadas de suor. Mas os passos seguiram adiante, ninguém entrou na sala. A escritura já estava novamente aberta à sua frente, as mãos mal conseguiam segurar a câmera. Leu por alto o fax, que estava escrito em inglês. Até onde conseguira traduzir nesse curto espaço de tempo, tratava-se de uma ordem para comprar um determinado terreno em

Miami em nome da Tropa S.A. e transferir o dinheiro de uma conta no Carribian Bank em Nassau, Bahamas. O número da conta era citado. Era ele, era o advogado que aparentemente representava o dono da empresa. Pressionou o disparador da câmera, uma vez, duas vezes, mais uma vez, isso devia bastar. Estava prestes a continuar folheando quando novamente ouviu passos no sinteco. Mais uma vez empurrou a escritura de volta ao seu lugar.

– Sinto muito, demorou um pouco mais. – A Sra. Sanchez pareceu perceber que Bauer suava muito. – Está muito quente aqui nesta sala, eu sei, infelizmente o ar-condicionado está parado há alguns dias. E, com os técnicos aqui da ilha, muitas vezes é complicado, chegam a levar semanas para vir. Mas, na realidade, também já encerramos a nossa conversa, não posso lhe ajudar mais do que isso.

Bauer não tinha certeza, mas algo lhe dizia que ela ficara desconfiada de alguma coisa. Ela sorriu significativamente, mas não disse nada. Ele sentiu a câmera no bolso da sua camisa, pensou que ela a descobriria a qualquer instante.

– Compreendo, também precisa seguir as leis. Em todo caso, agradeço imensamente a consultoria e, em breve, entrarei em contato para a abertura da empresa.

Quando a porta da casa se fechou atrás dele, inspirou profundamente. Agora ao menos tinha um nome. Mesmo que não conhecesse o advogado, poderiam dar prosseguimento às apurações e investigá-lo. Quem eram os seus clientes no submundo da prostituição, para quem trabalhava como fiduciário e, finalmente, qual era o policial com quem cooperavam? Enfim, chegara a chance de desvendar o segredo.

O dia não poderia estar mais lindo quando ele entrou no carro e dirigiu de volta ao hotel. Um vento suave levava as ondas à costa, e o sol mergulhava a natureza, que parecia consistir apenas no azul do mar e das plantas verdes com algumas flores coloridas, numa luz intensa. Mesmo assim, se pudesse, teria voltado para casa o quanto antes para continuar, mas precisaria permanecer por mais uma noite, já que o único vôo para Miami já havia deixado a ilha às 9h. Contudo poderia telefonar para Port, talvez este já tivesse ouvido falar do nome do advogado.

– Alô, quem está falando? – atendeu o detetive após várias tentativas no celular. Bauer contou-lhe como haviam corrido as coisas e informou-lhe o nome do advogado, Rolf Haumer.

– Nunca ouvi falar. Mas isso não quer dizer nada, não tenho tanto contato com advogados, muito menos com os que representam os caras do submundo, e provavelmente este é um deles. Mas conheço um correspondente jurídico que conhece quase todos os advogados mais famosos e os seus clientes, telefonarei para ele. Aposto que ele sabe que pessoas do submundo este advogado defendeu nos últimos anos. Talvez já saibamos mais quando o senhor retornar.

Como gostaria agora de poder contar a Marion o seu êxito e que as coisas estavam melhorando para o seu lado, que talvez conseguisse provar em breve quem estava por trás desta história, mas de que adiantaria? Ainda era cedo demais, continuavam sabendo muito pouco. Ele preferia não precisar ligar para Marion, mas isso a teria deixado desconfiada.

Ela ainda estava no escritório.

– E então, tudo bem por aí? – perguntou, interessada.

– Obrigado, hoje tivemos grandes avanços, amanhã estarei retornando a Munique, estou com saudades.

– Eu também, vocês certamente ainda terão um belo dia de sol, não é? – perguntou Marion, sem conseguir esconder um resquício de inveja na voz.

– O tempo está maravilhoso aqui, iremos aproveitar o dia. Até amanhã.

Dormiu mal à noite, estava agitado demais depois daquele dia. No seguinte, mal podia esperar a hora de ir para o aeroporto. Tudo caminhou no descansado ritmo caribenho, a nativa do balcão do check-in digitou letra por letra do nome do passageiro à sua frente no computador, ela parecia combinar perfeitamente a meditação com o trabalho. Mas superou isso também, apesar da sua impaciência. Quando finalmente estava no avião, teve a sensação de que o longo tempo de espera finalmente acabara e que ele poderia voltar a controlar seu destino. Era isso que mais o incomodara nas semanas anteriores, essa espera que o massacrava. Estava acostumado a ter as rédeas nas mãos, agora se sentia como um boneco movido por outras pessoas.

Capítulo 15

O advogado Keufer e Port já o aguardavam quando ele chegou ao escritório de advocacia. Depois do vôo e de toda a tensão naqueles dias, ainda adormecera no sofá de casa com a televisão ligada. Marion voltaria na noite seguinte.

Estava tão cansado que não ouvira o despertador – não se recordava de isso ter-lhe acontecido alguma outra vez. Rapidamente ainda preparara uma xícara de café antes de entrar no carro e dirigir até o escritório do advogado.

Mas agora o sono desaparecera, finalmente as coisas prometiam ficar interessantes. No caminho do aeroporto para casa, levara o filme para Port, que já o mandara revelar.

– Excelentes fotos as suas, Bauer, é possível ler tudo com precisão.

Orgulhoso como um aluno que aguarda a avaliação do seu dever de casa pelo professor, sabendo que receberia uma boa nota, estava sentado à mesa em frente a Keufer, enquanto este e Port estavam de pé do outro lado, analisando as fotos.

– Qualidade realmente extraordinária, vê-se até a letra, que, na realidade, é muito pequena – opinou Keufer.

– Já fiquei sabendo algumas coisas sobre esse advogado Haumer – contou Port. – Faz o gênero do grã-fino. Seu primeiro nome é Rolf, é divorciado duas vezes, tem 54 anos, sempre acompanhado de alguma jovem asiática. Raramente é visto no tribunal.

– Conseguiu descobrir com quem ele está envolvido? – indagou Bauer.

– Parece que se especializou em ajudar determinadas pessoas a esconder o seu dinheiro da polícia e do fisco. Empresas-fantasmas no Caribe, essa parece ser a sua especialidade, também o apelidaram de "Fantasma Rolf". É óbvio que também deve ter os seus contatos com os nossos amigos do submundo da prostituição. No momento, parece estar sob grande pressão, estão tentando retirar-lhe o registro de advogado.

– O senhor sabe por quê? – insistiu Bauer.

– Parece que foi pego em flagrante pelo segurança de uma prisão levando maconha para um dos seus clientes. Já desconfiavam dele havia algum tempo, e dessa vez o pegaram. Azar. Mas a ação só foi aberta há duas semanas, ainda levará algum tempo.

Port sentou-se perto de Bauer numa larga poltrona de couro e recostou-se enquanto colocava uma caneta no canto da boca. O Dr. Keufer, que até então estava prestando atenção, olhou para os dois:

– Penso que devemos rever com calma tudo que sabemos até agora. Temos a empresa que depositou o dinheiro na conta, ao menos na suposta conta de Bauer, temos o advogado – prefiro não dizer "colega" – que age em nome do verdadeiro proprietário da empresa e temos o número de uma conta dessa empresa num banco nas Bahamas. Possivelmente o dinheiro depositado na conta de Bauer no Schweizer Handelsbank tenha sido transferido de lá.

– Está bem – disse o detetive –, mas e agora?

Bauer preparara-se para esta conversa no avião, repassara algumas vezes as diversas maneiras de chegar à pista correta.

– Acredito que agora devamos tentar descobrir se o advogado Haumer também representa um ou mais russos do submundo. Porque são eles que estão interessados em me colocar em dificuldades para que possam continuar explorando os seus bordéis ilegais.

– Concordo com o senhor, também vejo dessa forma – respondeu o Dr. Keufer.

O advogado levantou-se e foi até a janela.

– Penso que a melhor maneira é observar o advogado – prosseguiu Bauer. – Em algum momento ele irá se encontrar com o meu colega que está por trás disso tudo, ou com uma das pessoas que exploram os bordéis ilegais.

Port acenou afirmativamente a cabeça.

– E o senhor também deve, em breve, receber alguma notícia da sua colega que ficou de inspecionar a placa do Mercedes que apareceu no suposto suicídio da namorada do seu informante.

Bauer não citara o nome de Doris para Port e pretendia manter o segredo.

– É verdade, ligarei para ela amanhã. Como tenho tempo de sobra no momento, sugiro que nós dois façamos a observação. O que acha, Port?

– Concordo, amanhã estou sem tempo, mas podemos começar depois de amanhã.

– Está bem, a única coisa que ainda poderia se tornar um problema é um carro com que eu possa trabalhar. Não posso usar o meu, depois que os caras já me viram com ele e, portanto, o conhecem.

– O senhor poderia conseguir algum carro emprestado? – perguntou Port.

– No momento não estou lembrando de nenhum, mas eu poderia pegar o carro da minha mulher, bastaria inventar alguma desculpa. Só que eles já devem conhecer o carro dela.

– Está bem. Se não for muito exigente, posso lhe emprestar um, é um Golf muito velho que os meus funcionários dirigiram nos últimos anos. Infelizmente, nem todos o trataram muito bem, está com forte cheiro de cigarro, e os assentos também estão danificados. Mas está funcionando perfeitamente e não irá se desfazer na sua mão.

Bauer ficou grato com a proposta de Port, visto que as suas economias já estavam bastante reduzidas com todos os gastos das últimas semanas, e só lhe faltava ter que alugar um carro agora.

– Obrigado, é mais do que suficiente.

– Está bem, então penso que estamos conversados por hoje. – O Dr. Keufer levantou-se e estendeu-lhes a mão. – Desejo-lhes boa sorte nessa operação.

Capítulo 16

Já conhecia este caminho, afinal passava por ali ao menos uma vez por mês, inicialmente os poucos quilômetros de estrada que saíam da cidade em direção leste, depois a estrada sinuosa, paisagens montanhosas à direita e à esquerda, entre novos bairros populares. E então, passada quase uma hora de viagem – dependendo do trânsito, também podiam ser duas –, a bifurcação que, ao longo de uma floresta, parecia levar a parte alguma, até se avistar o terreno com a casa. Ficava numa colina, qualquer carro que se aproximasse podia ser visto lá de cima, certamente já o teriam notado de novo. O portão de entrada de madeira maciça mostrava claramente a qualquer um que ali não existia passagem para hóspedes não convidados. Um muro de no mínimo dois metros de altura contornava todo o terreno, vez por outra o verde da vegetação abundante quebrava o cinza do cimento. A câmera com o sensor de movimento já o captara, e a luz automática se acendeu. As portas abriram-se lentamente para dentro, e ele passou pelo caminho de cascalho até a casa que, comparada ao terreno (quase do tamanho de um campo de futebol), parecia bastante pequena apesar dos seus dois andares somarem mais de quatrocentos metros quadrados, conforme lhe dissera o orgulhoso proprietário. Sua construção lembrava uma clássica casa de campo, muita madeira, com telhado de duas águas e janelas com venezianas. Pensou consigo que, a qualquer momento, poder-se-ia contar com crianças alegres acenando para o hóspede das janelas.

Mas Rado, ou melhor, Radowan Skorbik, o morador da casa, não tinha filhos, e ainda que tivesse algum ficaria a dúvida de como poderiam ser alegres. Rado certamente não lhes daria razão para isso.

— E então, tira, fez uma boa viagem, ou os seus colegas o pararam de novo por dirigir rápido demais?

Já conhecia esse tipo de recepção com que Rado o cumprimentava pelo interfone. Sua grande alegria era mostrar claramente a ele, o pequeno tira, como Rado chamava a todos os policiais, a sua imensa superioridade.

Naquele verão fizera dois anos que ele o encontrara pela primeira vez. Alguns meses antes se separara definitivamente de sua mulher após um longo vaivém e conhecera Maria, uma polonesa. O que ele não sabia é que ela trabalhava ilegalmente como garçonete em Munique. Ela lhe dissera que vivia da pensão do ex-marido.

Ao ser presa numa batida policial, fora obrigada a retornar. Apesar de conhecê-la havia apenas poucas semanas naquela época, não queria perder o contato com ela. Depois da sua separação, agradava-lhe muito o modo com que ela cuidava dele. Além disso, era jovem, acabara de completar 25 anos. Valia a pena passar horas no carro por ela. Assim, a cada dois finais de semana ele a visitava na Polônia, em uma pequena cidade a cinqüenta quilômetros da fronteira alemã.

Quando acontecera, a noite já estava acabando, ele estava retornando com ela de um bar, onde haviam bebido bastante com alguns dos seus parentes, para a casa de seus pais, onde ela morava num pequeno apartamento no sótão. De repente, o Lada estava atravessado à sua frente na pista, ele não o vira antes, fora tão rápido, ele sequer freara. Acordara no piso de cimento de uma delegacia policial para onde o haviam levado após o acidente. No Lada com que ele havia colidido por ter ignorado a preferência, um menino de cinco anos de idade fora gravemente ferido. Acusaram-no de estar dirigindo alcoolizado.

Depois de três dias estava solto novamente, com o forte resfriado que contraíra na cela sem calefação. Por sorte, esquecera a sua habilitação em Munique, de modo que ao menos não puderam tirar-lhe a carteira. Sua namorada recomendou-lhe um advogado, a audiência acontecera uma semana depois, e ele fora condenado a um ano de prisão, podendo assim obter liberdade condicional. Além disso, precisava pagar 28 mil euros de indenização aos pais do menino ferido. Vinte e oito mil que ele não tinha. Até então conseguira viver precariamente com o próprio salário, mas desde a separação da mulher sua conta bancária estava sempre no limite. Além disso, ele ajudava Maria. Um empréstimo bancário estava fora de cogitação, afinal ainda estava pagando, sozinho, as prestações do apartamento. Ele também dissera isso ao juiz, mas este não se abalara, acreditava que o valor que estipulara não poderia ser um problema para um policial alemão.

Depois da audiência, ainda fora com o advogado até o seu escritório. Era um gordinho careca na faixa dos cinqüenta cujo escritório não dava a impressão de contar com muitos clientes, mas, até onde pôde avaliar, havia se esforçado por conseguir o melhor para ele no tribunal. Processos como esse costumavam resultar em detenções incondicionais.

– Talvez um cliente meu possa lhe emprestar o dinheiro, quem sabe até a juros baixos. Se quiser, posso apresentá-lo a ele – oferecera o advogado.

O mais importante para ele era que ninguém em sua repartição ficasse sabendo, certamente teria sido imediatamente transferido, sem falar no processo trabalhista que também o aguardaria devido à sua condição de funcionário público. Se conseguisse arrumar o dinheiro ali mesmo, a coisa transcorreria sem problemas, e tudo isso ficaria resolvido.

– Parece interessante, não custa nada marcar um encontro com ele.

E assim o conhecera. Rado viera ao primeiro encontro no escritório de advocacia vestindo um casaco de couro preto exclusivo e uma calça cinza. Rado era o tipo de gente que ele conhecia do seu trabalho diário como policial. Um rosto duro e carnudo com marcas de acne mal cicatrizadas, o cabelo preto colado para trás com brilhantina, tudo isso sobre um corpo massudo cujas mãos eram grossas e mal-tratadas. O cinto da calça visivelmente tinha dificuldade de se impor contra a imponente barriga. Como era de esperar, debaixo do punho da camisa brilhava um relógio Rolex, uma das marcas indispensáveis.

Pelo advogado, ele ficara sabendo que Rado era originário da Rússia, em algum momento se casara com uma polonesa e ficara na cidade, onde, depois de um certo tempo, começara a comprar terrenos. Assim, os caminhos de Rado e do advogado haviam se cruzado. Quando o viu pela primeira vez, teve certeza de que qualquer pessoa que fizesse negócios com ele deveria ficar de olho bem aberto. Rado era do tipo que não procurava amigos, mas vítimas. Por onde passava, as regras deveriam ser ditadas por ele.

Rado dera-lhe um rápido aperto de mão, olhando ao mesmo tempo para o advogado.

– Então você é o tira que está precisando de grana?

Antes que pudesse responder, o advogado assumiu o comando da situação. Não deu mais atenção a Rado e apresentou um contrato que desenvolvera com o seu consentimento. Cinco por cento de juros por ano e devolução de todo o valor em no máximo dois anos. Ficara surpreso com os juros baixos. Assim, não houve motivo para discussão, assinaram rapidamente os papéis e marcaram um encontro para a semana seguinte, quando ele deveria receber o dinheiro em Munique. Um pouco antes do encontro marcado, Rado ligara para ele informando-lhe o endereço que deveria procurar. Naquela época, fizera pela primeira vez o caminho que agora já conhecia tão bem.

Poucas semanas depois perdeu o contato com Maria, ela conhecera um homem de sua cidade. Mas a ligação com Rado permanecera.

– Penso que podemos nos tornar bons parceiros, Sr. Tira – dissera na entrega do dinheiro. – Sabe, volta e meia preciso de umas dicas de um especialista, um cara como você. E naturalmente pago bem, se o conselho for bom. – Ficara surpreso demais para reagir de imediato, e Rado percebera. Ele lhe dera uns tapinhas tranqüilizadores nas costas. – Não se preocupe, apenas pense com calma a respeito, e na próxima semana me dê uma posição.

Ele pegara o dinheiro e fora embora sem dizer nada. A caminho de Munique, compreendera bem o que este queria dele, e quanto mais pensava a respeito, mais interessante a proposta lhe parecera. Talvez pudesse pagar as suas dívidas de outra forma além de dinheiro, quem sabe até ganhar algum a mais. Estava cansado de precisar sempre regular o dinheiro, queria finalmente voltar a viver, sair para comer bem, comprar um carro novo, viajar nas férias. De que lhe adiantara sempre bancar o policial correto?

Nos meses seguintes passaram a encontrar-se cada vez mais. Ora Rado queria saber quem era o dono de um carro do qual ele sabia a placa, ora precisava descobrir o endereço de alguém que ainda lhe devia dinheiro. Ocasionalmente, o russo também precisava saber se um amigo de sua terra natal, que pretendia visitá-lo, estaria sendo procurado pela polícia alemã. Rado sempre pagava imediatamente, em espécie. Uma parte era utilizada para o pagamento da dívida, outra parte ele recebia na mão. Rado sabia como manter as pessoas empolgadas, e era sempre generoso. Nunca eram menos de trezentos euros. Quitara as dívidas depois de um ano, de modo que a partir de então todo o dinheiro passara a ficar para ele.

A porta da casa se abriu, e Sergej, o braço direito de Rado, cumprimentou-o.

– Entre, Rado foi apenas tomar um banho rápido e logo estará aqui.

Ele já conhecia o joguinho, mas não se importava. E, se Rado fazia questão de bancar o chefe, tudo bem. Havia de chegar o dia em que se vingaria, mas por enquanto ainda precisava do dinheiro.

– Pronto, me arrumei um pouquinho para o meu tira, desculpe-me, por favor.

Rado vestira um roupão e agora estava sentado à sua frente na sala decorada com móveis de madeira escura e pesadas poltronas de couro. Os quadros de paisagens na parede eram de um pintor cuja criatividade aparentemente consistia apenas em unir todas as cores que o olho humano pudesse reconhecer em um único quadro.

A moldura rococó dourada complementava o efeito. O tampo de mesa no meio do ambiente pousava sobre pés torneados que mostravam motivos de difícil identificação.

– Liguei pra você porque estou preocupado com uma coisa. Você disse que esse tira que embrulhamos com aquela história da conta bancária era um fracote e que ficaria esperando até ser julgado. Que não precisávamos nos preocupar com nada. Foi isso, não foi?

– Sim, e também tenho certeza de que ele está em casa agora, desesperado, sem saber quem o envolveu nessa história.

Rado levantou-se furioso e empinou-se à sua frente, as duas mãos na cintura.

– Então você tem certeza, que bom. Acontece que infelizmente não é assim, meu pequeno tira parece ter se enganado um pouquinho. Seu simpático colega está nas ruas todos os dias, encontra-se com tudo quanto é gente e, durante alguns dias, desapareceu completamente de cena. Ao que parece, também já entrou em contato com um detetive. Você sabe que o escolhemos seguindo o seu conselho. Você acreditava que ele tivesse os nervos mais fracos, principalmente pelo fato de a esposa estar grávida no momento. – Rado fez uma pausa, andava de um lado para o outro, inquieto. – Não estou gostando do que ele está aprontando, não estou gostando nem um pouco.

– Você tem certeza disso? Como ficou sabendo? – perguntou o policial, visivelmente surpreso.

– Temos o costume de nos assegurar. É a metade da vida. Foi por isso que descobri o que, na realidade, deveria ter ficado sabendo por você.

O policial não compreendeu aonde essa conversa deveria chegar.

– Eu disse desde o começo que não gostava da idéia de culpar um outro colega. Deveríamos ter dado um tempo, e tudo teria se acalmado novamente.

– E como isso deveria ter acontecido? Eu deveria ter mandado as garotas tirarem umas férias? Foi você quem me disse que poderíamos ter problemas por causa daquela matéria no jornal.

O policial refletiu, sentiu o olhar de Rado concentrado nele.

– Está bem, vamos esquecer isso, agora não podemos mais mudar nada mesmo. Mas mesmo que isso esteja acontecendo, que Bauer esteja bisbilhotando por aí, o que ele poderia descobrir? A história não vazou, não é?

Rado sentou-se novamente em sua poltrona e acendeu um cigarro, soprando a fumaça em uma densa nuvem em frente ao seu rosto.

– A história não vazou, mas não quero ninguém bisbilhotando, nunca se sabe aonde isso vai dar. Precisamos pensar em alguma coisa. Não quero que esse cara fique muito atrevido. – Rado teve uma idéia. – A que horas vocês entram em serviço?

– Às 7h15.

– Todos os dias ele sai de casa às 6h30 com o seu carro, embora não tenha nada para fazer. E então fica fazendo hora em uns cafés e no final da tarde volta para casa como se tivesse trabalhado. Isso te diz alguma coisa, tira?

O policial coçou-se atrás da orelha, pensativo. Lembrou-se da esposa de Bauer, chamava-se Marion, até onde se lembrava. Conhecera-a uma vez numa festa. Uma bela mulher, corpo esguio, que certamente nunca tivera contato com o submundo.

– Eu conheço a esposa dele, eu acho que, ao menos naquela época, ela trabalhava numa agência de publicidade. É de fato curioso o comportamento dele. Sair de casa todos os dias, como se fosse trabalhar, em vez de dormir até tarde. Talvez ele não tenha contado nada a ela. Deve estar com esperanças de que tudo isso se esclareça rapidamente e ele possa retornar ao serviço.

– Foi o que pensei também e acredito que temos de mudar isso. Como se diz tão corretamente na guerra, duas frentes são melhores que uma. Penso que devemos abrir uma segunda frente para ele. Você também não acha?

– Não sei do que está falando.

Rado ergueu a mão direita, mal-humorado, e balançou a cabeça.

– Vamos lá, você deveria ter um pouco mais de imaginação. Sinto falta disso em você. Devemos fazer com que ele tenha mais alguns problemas. E então ele terá que se dedicar a eles, e você verá, não terá mais tempo para ficar nos bisbilhotando.

– E como pretende fazer isso? Quer ligar para ela e contar-lhe uma história?

– Não seria muito criativo, não é? Não, tem que ser uma verdadeira bomba, algo que o deixe realmente chocado. – Pensativo, o policial franziu a testa, não parecia fazer idéia do que Rado estava planejando. Mas este não lhe deu atenção e continuou falando: – Com a vagabunda desse Alex, que sempre passava belas informações ao seu colega, também tivemos uma boa idéia, não foi?

– Por quê, o que há com ela?

– Ah, você nem sabe disso ainda, tira? Bem, como devo dizer... Ela largou o cara... é, pode-se dizer assim, e ela também não voltará mais para ele, de certa forma ficou bastante imóvel. Não é mesmo, Sergej?

Uma risada profunda preencheu o ambiente. Sergej, mais sentado do que deitado em sua poltrona, visivelmente achava graça nos trocadilhos de seu chefe.

– Vocês a assassinaram?

Rado girou os olhos dramaticamente e balançou a cabeça.

– Assassinaram, como isso soa mal, não, não se pode dizer isso. O que aconteceu foi que algumas pessoas esqueceram que existem regras, agora elas se lembraram novamente. Mas isso são águas passadas, acabou e já era. Agora vamos falar de coisas importantes. Você me trouxe o que eu pedi? – perguntou o russo.

– Sim, trouxe os dados do seu amigo, no momento uma repartição o está investigando por tráfico humano. Mas, pelo visto, não foram muito longe, porque ainda não existe ordem de prisão contra ele. Ele provavelmente não terá problemas ao viajar para cá.

– Que bom, fico contente, ele passará apenas alguns dias aqui, precisa resolver um trabalho importante, depois de quatro dias já terá retornado.

Rado disse algo em russo a Sergej, e este saiu da sala e retornou após alguns minutos com um envelope que entregou a Rado. O policial viu ao menos trinta notas de cem euros. Rado colocou cinco delas sobre a mesa.

– Pronto, três são pela informação, e duas por uma pequena tarefa especial que irei explicar agora. Nós tramamos essa história com o seu colega para que todos acreditem que ele seja o traidor, não é mesmo?

— Sim, claro, e deu certo.

— Está bem, mas, se você pensar logicamente, então está na hora de vocês realizarem uma batida policial que seja um sucesso. O seu traidor não está mais na jogada, correto?

— Não, claro que não.

— Viu, e para que os seus colegas também não comecem a duvidar se pegaram o cara certo ou não, agora darei um endereço no qual vocês deveriam dar uma passada. Ali, uma batida certamente vale a pena. O dono do bordel é da Polônia. No ano passado me causou bastante aborrecimento por causa de uma garota que me procurou e que agora trabalha para mim. Queria cem mil pela garota, aquele louco. Basta você dizer aos seus colegas que te deram uma informação confidencial de que ali funciona um bordel ilegal e organizar o teatro de sempre. Todos ficarão entusiasmados com você. Mandei observar a casa ontem, vocês conseguirão prender, no mínimo, oito mulheres. E como pequeno estímulo pensei em te dar quatrocentos a mais hoje. Viu só, é assim que eu o trato.

O policial pegou o dinheiro e guardou-o no bolso da camisa. Rado entregou-lhe um bilhete com o endereço do bordel ilegal, e levantaram-se.

— Pois eu darei um jeito no seu colega, e você trate de deixar todos os seus colegas atentos a esse bordel. E você ficará famoso. Todos acreditarão ter mandado o cara certo embora.

Uma risada profunda ecoou no ambiente, Rado estava visivelmente orgulhoso de sua idéia.

— Está bem, Rado. Não sei o que você pretende fazer com Bauer, mas nós combinamos que não haveria violência nessa história toda. Foi a minha condição.

O policial tentou encarar Rado, mas este olhava para a janela como se não estivessem falando com ele. E se virou novamente para o seu hóspede.

— Não me diga, então essa foi a sua condição. E o que acontece se eu não obedecer a ela?

O silêncio tomou conta da sala, apenas os ruídos do forte vento que começara a soprar do lado de fora penetravam o ambiente.

– Você quer que eu diga o que irá acontecer? – Mais uma vez fez uma pausa, o policial estava em pé diante de Rado, inseguro. – Nada, não acontecerá nada. Porque não é você, tira, quem impõe as condições aqui. Você devia pensar um pouco antes de soltar uma frase dessas. Eu não gosto disso. Você não tem do que se queixar, leva uma vida boa com o dinheiro que recebe de mim. Mas não fique sempre tentando bancar o chefe. Se eu achar que estamos precisando ser um pouco mais duros neste caso, eu farei isso.

O policial ia responder, quando Rado fez um gesto com a mão indicando que seria melhor manter-se calado.

– Acalme-se, ainda não está sendo necessário, e eu também não pretendo mandar matar um tira. Isso sempre dá dor de cabeça. Portanto, vá para casa e faça o seu trabalho. Eu cuido do resto.

Ele nunca sabia até onde podia confiar em Rado. Mas desta vez tinha quase certeza de que não estava planejando um assassinato. A morte de um policial chamaria muita atenção, Rado sabia disso, e não era bom para os seus negócios. Mas também não fazia a menor idéia do que Rado estaria planejando para pressionar Bauer.

Não queria mais pensar sobre isso. Retornou para Munique. Ganhara mil euros, essa valera a pena. No começo, freqüentemente pensara a respeito dos seus negócios com Rado, mas isso apenas o deixava nervoso. As coisas eram assim, e poderiam ser bem piores. Os colegas ficariam entusiasmados ao realizar uma batida policial com sucesso no endereço que ele acabara de receber. E Bauer era o traidor, isso ficaria definitivamente claro para qualquer um.

Capítulo 17

Bauer estava sozinho quando chegou em casa, Marion ainda não tinha saído do trabalho. Queria aproveitar a oportunidade para perguntar a Doris se ela conseguira descobrir alguma coisa sobre o Mercedes. Eram três e pouco, portanto ela provavelmente ainda estaria no escritório, para onde ele não queria telefonar de jeito nenhum. Ela dividia a sala com Borgmann, um jovem de cabeça quente que sempre fizera questão de dizer aos colegas que não demoraria muito até Doris descobrir suas qualidades. Para que ninguém atrapalhasse os seus planos, tentava de todas as formas sempre se manter atualizado sobre a vida particular de Doris. Isso incluía registrar minuciosamente todas as ligações que Doris recebia, principalmente quando tinha a impressão de serem de cunho particular. Bauer não o queria como confidente de maneira alguma.

Tentou no celular, talvez ela estivesse na rua e pudesse falar em paz. Estava desligado. Sentindo-se cansado, decidiu descansar no sofá da sala até Marion chegar. Sentiu o cansaço tomar conta de si, tirou os sapatos e deitou-se. Seus pensamentos vagaram de volta à viagem ao Caribe. O ruído do chaveiro de Marion o acordou. Olhou para o relógio, eram seis e pouco. Ela veio diretamente em sua direção na sala, sem tirar o sobretudo.

– Olá, Ricardo – cumprimentou-o e jogou um jornal sobre a mesa. Ficou de pé ao lado do sofá e olhou para ele com os olhos umedecidos. – Quero que leia isso agora, e depois espero que possa me explicar alguma coisa. Pelo visto, você me considera bastante ingênua.

Ele sentou-se, sem a mais remota idéia do que havia acontecido, apenas sabia que jamais vira Marion assim. E leu a manchete.

SUSPEITA DE CORRUPÇÃO NA POLÍCIA DE MUNIQUE

Um chefe de polícia de 42 anos da delegacia de combate ao crime organizado está sob suspeita de ter revelado batidas policiais em bordéis ilegais ao submundo.

Conforme informado hoje, o policial Ricardo B. já foi suspenso temporariamente do serviço há duas semanas, as investigações estão a todo vapor.

Ele é acusado de ter recebido pagamentos no valor de dez mil euros pelas suas revelações. A assessoria de imprensa do quartel-general confirmou as acusações, mas não queria informar mais detalhes pelo fato de as investigações ainda estarem em andamento.

A manchete cravou-se em sua cabeça. Sentiu-se como se tivesse sido flagrado com uma mulher nua na cama e agora começaria a balbuciar que poderia explicar tudo e que não seria nada daquilo que aparentava ser. Ele arriscara tanto, e agora...? Toda a euforia que sentira desde o seu retorno do Caribe desapareceu.

Nesse ínterim, Marion já fora até o quarto, ele a ouvira batendo a porta fortemente atrás de si. O seu casaco estava no chão do corredor. Quando se levantou para ir até ela, ouviu-a falando ao telefone.

Demorou alguns minutos, e não ouviu mais nada no quarto, o telefonema parecia ter sido encerrado. Ele bateu à porta.

– Posso entrar?

Ela não respondeu. Ele abriu a porta. Ela estava deitada na cama, com o rosto enterrado no travesseiro, o seu corpo tremia. Ao sentar-se ao seu lado e tocar o seu ombro, ela virou-se para o outro lado. Ela levantou a cabeça, as lágrimas escorriam-lhe pela face.

– Por que tudo isso, Ricardo?

Ele não sabia por onde começar, sentia-se como se lhe tivessem puxado o tapete de sob os pés.

– Marion, eu não fiz isso. Não fui eu quem foi corrompido. E em breve conseguirei provar. Mas ainda preciso de um pouco de tempo.

Ela olhou para ele, seus olhos revelando profunda tristeza e decepção.

– Sei que talvez tivesse sido melhor contar tudo desde o começo, mas pensei no bebê, fiquei com medo de lhe trazer aborrecimentos justamente agora.

Ele esperava por um sinal de compreensão, mas o rosto dela permaneceu imóvel.

– Dê-me apenas alguns minutos para explicar-lhe tudo.

Ela não falou nada, e ele começou a relatar como tudo se desenvolvera. Surgiu uma pausa, um silêncio imóvel como a parede que havia entre eles.

– Ricardo, sinto muito, mas no momento não consigo pensar com clareza. Sequer estou conseguindo prestar atenção direito ao que você está falando. Não sei o que devo pensar. Por que não me contou nada, se é tudo mentira nessa história? Por que não confia em mim? Eu não entendo. Você espera que eu confie em você, mas você não confia em mim e me faz uma encenação, sai todos os dias de casa como se nada tivesse acontecido. Como consegue? – Ela voltou a virar o rosto para o outro lado.

Sentiu uma forte sensação de impotência crescendo dentro de si. De repente, ela sentou-se na cama e olhou para ele com olhos furiosos.

– Nem sei como dizer a você que é humilhante ficar sabendo dessa história pelo jornal. Eu, que passo todos os dias com você, durmo ao seu lado na cama, não sabia de nada, não fazia a menor idéia. Fui obrigada a ficar sabendo pelo jornal! Saia daqui, por favor.

Ele queria tocar-lhe o ombro, mas ela se desviou. Lentamente, ele se levantou da beira da cama e saiu do quarto. Sentou-se no sofá, a cabeça entre as mãos, os olhos fechados.

Após alguns minutos, Marion saiu do quarto.

– Vou passar uns dias na casa de uma amiga, depois vejo o que farei. – Sua voz soava fraca e insegura, suas palavras lhe doíam fisicamente. Tinha a sensação de que ela estava lhe escapulindo, que toda a união, os vários anos estavam sendo questionados em poucos minutos.

Sentiu a raiva subir dentro de si. Raiva de si mesmo, por não ter confiado em Marion, mas principalmente daqueles que o haviam colocado nesta situação. Quem eram eles, qual era o seu próximo plano? Quem quer que tenha revelado essa história ao jornal, essa pessoa havia conseguido o que provavelmente pretendera. A raiva o fez crescer por dentro. Se estivessem pensando que agora ele desistiria por ter perdido as forças, estavam muito enganados. Não tinham como saber quão próximo deles ele já havia chegado, e esta era a sua vantagem. E por que eles também não haveriam de cometer erros?

Doris foi o seu pensamento seguinte. Talvez ela tivesse conseguido as informações que o fariam progredir. Pegou o sobretudo e saiu. Queria se poupar de presenciar Marion saindo de casa com sua mala.

Lá fora chovia, uma noite de novembro fria e úmida estava baixando, mas ele não queria voltar novamente para pegar o guarda-chuva. Ficou sob a marquise da portaria do prédio, o vento fazendo a chuva fustigar o seu casaco, de modo que após alguns minutos sentiu a umidade na pele.

Desta vez teve sorte, o celular de Doris estava ligado.

– Ricardo, olá, que bom te ouvir.

– Doris, desculpe-me a surpresa, mas eu poderia dar uma passada na sua casa? O resto, te conto depois.

– Sim, claro, você me pegou um pouco de surpresa, sim, estava pensando em fazer alguma coisa para comer, mas venha, sem problemas. Também tenho novidades para você.

– Obrigado, chegarei aí em aproximadamente vinte minutos.

Olhou mais uma vez para o alto, em direção ao apartamento, de certa maneira esperançoso de ver Marion na janela. Mas ela não apareceu. Encharcado como ficou, foi até a garagem e entrou no carro.

Perdido em seus pensamentos, esqueceu de ligar o pára-brisa, e por isso quase atropelou um pedestre que atravessava a rua com um cachorro. No último instante viu-o vagamente e jogou o carro para cima da calçada. O homem, que aparentemente se viu debaixo do carro, levantou a mão em punho, furioso, e gritou, mas o barulho da chuva era mais alto. Quando subiu na calçada, o volante escapou-lhe subitamente das mãos, mas conseguiu agarrá-lo de novo em tempo. Provavelmente, o aro da roda fora atingido, mas isso não lhe importava agora, queria apenas ir embora. Nesse ínterim, a umidade se espalhara por todo o seu corpo, sequer a calefação estava adiantando alguma coisa. Estava odiando esse frio úmido que lhe subia pelo corpo.

Doris riu quando o viu.

— Será que você foi novamente surpreendido por um pequeno temporal?

Bauer acenou afirmativamente a cabeça e tentou sacudir as gotas de chuva.

— Sinto muito, devo estar parecendo um idiota, mas sinceramente não dei a menor importância.

— Entre logo.

Ele entrou no apartamento, e logo se formou uma poça d'água sob os seus pés.

— Quer que eu pegue uma roupa seca para você vestir? Tenho um conjunto de moletom dois manequins acima do meu, acredito que deva servir em você. Vá até o banheiro, irei trazê-lo para você.

— Obrigado.

Ela lhe deu uma toalha, e após alguns minutos ele estava sentado em frente a ela no sofá, com o conjunto de moletom e os cabelos secos.

— Quer comer alguma coisa? Fiz um refogado de legumes para mim.

— Não, obrigado, aí já seria abuso. Já não basta eu estar sentado aqui com as suas roupas?

— Que besteira, tem bastante comida. Venha, coma comigo. Não gosto de encher a barriga sozinha.

Enquanto comiam, ninguém disse nada. E então ela se recostou e olhou para ele com olhar analítico.

— Me diga uma coisa, Ricardo, o que aconteceu? Você está muito mais nervoso do que da última vez em que nos vimos.

Sentiu dificuldades em contar a história, mal encontrou as palavras.

— Puxa, mas eu sinto muito mesmo pela Marion ter saído de casa.

Ela se levantou e acendeu um cigarro.

Parou atrás dele e colocou a mão no seu ombro.

— Espero realmente que eu possa ajudá-lo. Quando você esteve aqui da última vez, confesso que tive minhas dúvidas se poderia fazer alguma coisa por você. Mas você não vai acreditar, quem está cuidando do seu caso no DIC é justamente um dos meus colegas de turma da escola de polícia. Ele tem um nome chamativo. Quando li o relatório da sua suspensão, imediatamente chamou-me a atenção.

— Mas falou para ele que estamos em contato?

— Sinceramente, acredita mesmo que eu seja tão ingênua? Antigamente saíamos juntos de vez em quando, mas acabamos perdendo o contato. Depois conheci o meu ex, e ele ficou algum tempo fora de Munique. Mas não foi difícil convencê-lo a encontrar-se comigo novamente, e então fiz com que ele conversasse comigo sobre o seu caso.

— E o que ele disse? — perguntou Bauer, impaciente.

— Ele e seu colega que também está tratando do caso não estão com bons pressentimentos. Não conseguem imaginar, por exemplo, que alguém seja tão idiota a ponto de guardar extratos bancários como aqueles na mesa do escritório. E o mapa e os prospectos de hotéis de Zurique que foram encontrados na lixeira da sua casa também lhe pareceram um pouco esquisitos. Justamente naquele dia encontraram isso no lixo, apesar de ele ser esvaziado semanalmente. Bastante estranho. Estão pensando que toda essa história foi uma armadilha para colocar a culpa em você.

— Descobriram alguma coisa que me ajude a comprovar minha inocência?

— No momento, eles não têm como. Ele disse que só poderão ter algum avanço se puderem fazer investigações no banco na Suíça e nas Ilhas Virgens Britânicas, por causa dessa empresa que transferiu o dinheiro. E o procurador-geral, que você conheceu, não está cooperando. Para ele, o caso está bem claro, ele sequer cogita iniciar investigações caras e dispendiosas no exterior. Ele chegou a acusá-los indiretamente de estarem apenas querendo passar umas férias no Caribe à custa do governo. Tudo que conseguiram arrancar dele foi a confirmação de que ele irá solicitar à polícia suíça que investigue o banco. Mas até agora ele não fez nada e, além do mais, eu mesma acredito que isso não o ajudará. Afinal, você já me contou quais são os documentos que existem no banco, inclusive com a sua assinatura, ainda que falsificada.

Bauer levantou-se, olhou furioso para ela e aumentou o tom de voz.

— As coisas estão acontecendo exatamente como imaginei. Tudo indica que o procurador-geral acredita ter encontrado o caso para o seu próximo salto na carreira. Tive essa impressão quando ele conversou comigo, logo depois que eu fui preso. Ele acha que está sendo pago para quê?

Doris acenou afirmativamente a cabeça.

— Tem razão, mas penso que é um bom sinal os colegas não estarem convencidos da sua culpa. Se nós, ou melhor, se você conseguir apresentar provas que o inocentem, tenho certeza de que eles continuarão acompanhando o caso a seu favor.

— Espero que sim. Você conseguiu alguma coisa sobre o Mercedes que estava estacionado em frente ao prédio de Alex?

— Consegui, mas, sinceramente, às vezes cheguei a acreditar que não daria mais conta disso. Primeiro, ficamos dois dias sem computador, não faço a menor idéia do que aconteceu. E depois dou o fragmento da placa que recebi de você ao Dehner, nosso especialista em computação. Digo a ele que estou fazendo uma investigação para a qual preciso dessa informação. Ele promete resolver tudo o mais rápido possível, e nem estou mais pensando nisso quando, três dias depois, Tomer entra na minha sala. De alguma forma, deve ter ficado sabendo pelo Dehner, em todo caso me pergunta para que preciso das placas. A princípio, fiquei totalmente surpresa. Graças a Deus, no momento estou acompanhando um caso em que também há dois carros envolvidos dos quais só tenho parte dos números das placas. Disse a ele que o tal Mercedes faz parte da minha investigação. Ele hesitou um pouco. Acho que se ele pudesse ter sentido a minha pulsação eu estaria perdida. Mas naquele instante o meu telefone tocou e ele me fez sinal para atender à ligação. Era um colega da delegacia de furto, e tentei estender a conversa ao máximo. Quando terminei, ele tinha saído. Desde então não tocou mais no assunto.

— Essa foi por pouco. Que bom que Tomer em geral não acompanha muito os nossos procedimentos, senão realmente teria dado errado. Você acha que ele possa desconfiar do nosso contato?

Doris olhou para Bauer balançando a cabeça.

— Não, não imagino. Nas últimas semanas, apenas chamou-me a atenção quando ele perguntou, duas ou três vezes, nas reuniões matinais, se alguém teve notícias suas.

— E alguém disse alguma coisa? – perguntou Bauer, curioso.

— Foi estranho, Karl Bromberger respondeu.

— Não o vi mais desde a minha suspensão. O que foi que ele disse?

— Isso que foi estranho. Ele disse que não queria prejulgá-lo, mas que sempre tivera um pressentimento ruim em relação a você.

— E o que Tomer respondeu?

— Nada, simplesmente ignorou o comentário e perguntou se algum dos outros colegas tinha tido notícias suas, mas ninguém respondeu.

Bauer inspirou profundamente.

— Nunca tive problemas com Bromberger, não faço idéia do que ele tem contra mim.

— Também não sei. Mas depois da reunião o chefe da polícia criminal me procurou. Ele me disse que Bromberger deveria ficar calado. Há algumas semanas ele o viu no cassino em Wiesen perdendo, no mínimo, oito mil euros.

— Tomer sabe disso?

Doris balançou a cabeça.

— Não, o chefe da polícia criminal disse que não contou a ele. Eu não posso fazer isso, o próprio chefe da polícia criminal deveria contar.

— Talvez você pudesse conversar mais uma vez com o chefe da polícia criminal para saber se ele tem mais coisas sobre Bromberger.

— Farei isso quando ele retornar das férias. Acredito que seja daqui a duas semanas.

— O que descobriu sobre o Mercedes?

— É, estou com a lista dos proprietários de Mercedes cujas placas contêm a tal seqüência de letras. São apenas oito nomes, e acredito que possamos excluir ao menos cinco deles desde já. Espere um pouco, irei pegá-los. Estão na minha bolsa no corredor.

Doris levantou-se e saiu da sala. Bauer sentiu-se como uma criança às vésperas do Natal. Quando ela voltou, estendeu-lhe a lista.

— Aqui, dê uma olhada nos nomes, talvez conheça um deles.

Bauer pegou a impressão do computador e leu os nomes um a um. O primeiro era um homem de 72 anos, este estava fora. Depois vinham duas mulheres, 45 e 58 anos. Era pouco provável também que estivessem envolvidas com o suposto suicídio da namorada de Alex. Já o quarto nome era mais interessante. Chamava-se Olga Brodwin, portanto provavelmente uma russa, e tinha 29 anos. No seu nome não estava apenas o Mercedes, mas também um Ford Mustang e um Golf conversível.

— Esta Olga Brodwin também lhe chamou a atenção? — perguntou a Doris.

— Sim, claro, e também verifiquei no nosso computador se ela já nos deu trabalho alguma vez. E deu. Prostituição ilegal, mas isso já tem alguns anos, e, no ano passado, falsificação de documentos. Ela roubou cheques do cliente de um bar de strip-tease, onde provavelmente trabalha, e depois deu entrada no banco. O único erro foi ela ou seu comparsa não falsificar suficientemente bem a assinatura do titular da conta, e a farsa veio à tona. E a conta para onde queria transferir o valor do cheque era de um certo Wladimir Remscha, que tem apenas um endereço-fantasma aqui e, aparentemente, mora em São Petersburgo.

— Está bem, isso já é bastante informação. Digamos que ela seja a pessoa certa. Então surge a dúvida de quem utiliza o seu carro. Ela própria certamente não esteve no local do crime, afinal o vizinho de Alex viu dois homens com a vítima na escada.

— Penso que primeiro devemos descobrir onde ela ganha o seu sustento. Possivelmente continua trabalhando num desses bordéis ilegais.

— Ela não está no cadastro da delegacia de costumes?

— Não, ao menos não soube de nada do gênero. Não posso ir lá e pesquisar os documentos deles, isso chamaria a atenção, mas no computador não encontrei nada. Ela só foi pega em flagrante uma vez num apartamento do bairro proibido,* e na época também precisou pagar uma multa, mas isso faz algum tempo. E desde então parece ter ficado mais esperta, pelo menos os colegas da delegacia de costumes não a flagraram mais. Mas é possível que esteja trabalhando apenas como dançarina de strip-tease.

— Primeiro, preciso ver o prédio onde ela mora. Quem sabe se não é com um dos caras que estiveram no apartamento do Alex. Já seria um avanço.

— E o que pretende fazer depois? Afinal, ninguém poderá identificar os autores do crime, a testemunha também os viu apenas de costas.

Bauer sentou-se novamente no sofá e fez sinal para Doris fazer o mesmo.

— Você ainda não sabe de tudo, Doris. Nas Ilhas Virgens Britânicas eu vi documentos que comprovam que, por trás da Tropa S.A., que depositou o dinheiro na minha suposta conta suíça, está um advogado de Munique. E se eu conseguir provar que os autores do crime têm contato com ele e com essa empresa, o quebra-cabeça fica mais colorido, não?

Doris tirou um cigarro da caixa, acendeu-o e soprou a fumaça para o alto, pensativa.

— Mas que interessante. Se não se tratasse de você, esse caso poderia ficar bastante divertido.

— É um fio de esperança, agora realmente temos a chance de conseguir progredir, ao menos é o que espero. — Bauer bebeu um gole da cerveja que ela lhe servira com o jantar.

---

* Na Alemanha, a prostituição é permitida, exceto em certos bairros denominados "Sperrbezirk", ou seja, bairro proibido. (*N. da T.*)

Doris levantou-se e pegou sua bolsa.

– Aliás, tenho mais uma coisa para você. Pensei que talvez uma foto dela pudesse ajudá-lo. Na delegacia de costumes não tinham nenhuma, mas dei uma olhada no computador e vi que ela havia feito a habilitação em Munique. E então inventei uma desculpa para conseguir a foto lá.

Entregou-lhe um pequeno envelope. Ao abrir, ele pôde tirar uma foto de passaporte. Ela parecia ainda muito jovem, no máximo 25 anos, tinha um belo rosto fino e cabelos louros curtos.

– Isto certamente pode nos ajudar – disse a ela, lançando-lhe um olhar de aprovação.

– Pensei que talvez você pudesse descobrir mais coisas com o seu Alex, se lhe mostrar a foto.

– Sim, é bem possível.

Bauer levantou-se, não conseguia mais ficar sentado quieto.

– Talvez não acredite, mas com a saída de Marion de casa de certa forma agora eu acordei de verdade. Até agora talvez eu ainda não tenha sido conseqüente o suficiente. Às vezes me pergunto se, no fundo, eu ainda não tinha compreendido o que realmente aconteceu. De certa forma, continuava tendo a esperança de que Tomer me ligaria dizendo: "Pegamos o culpado, acabou tudo, venha para o escritório."

– Como andam as coisas com o detetive que o advogado lhe recomendou?

– Ainda não posso dizer muita coisa a seu respeito, mas até agora parece correto. Ele manteve o que afirmou. Verei como as coisas irão se desenrolar, marcamos um encontro para amanhã e temos muitos planos.

Bauer estava impaciente agora, Doris já lhe informara o que sabia. Queria seguir adiante. Ao levantar-se e aproximar-se dela para se despedir, ela olhou para ele, surpresa.

– Pretende sair assim na rua, com esse tempo? Não é melhor esperar sua roupa secar?

– Obrigado pela sua preocupação, mas não me leve a mal, não consigo ficar parado aqui esperando. De certa forma, tenho a impressão de que cada hora em que eu não conseguir provar a Marion que não fui eu me afastará ainda mais dela. Preciso fazer alguma coisa, darei uma olhada no prédio em que essa russa mora. Posso deixar minhas coisas secando aqui e pegá-las nos próximos dias?

— Claro, apenas me ligue um pouco antes, afinal no momento não há ninguém que se assuste com isso.

Ele levantou-se e estendeu-lhe a mão.

— Eu realmente espero que um dia possa retribuir sua ajuda. Obrigado por tudo.

Beijou-lhe a face e saiu do apartamento. A chuva aumentara. Pela temperatura, podia começar a nevar a qualquer instante. Sentiu muito frio com o conjunto de moletom. Levaria aproximadamente trinta minutos até o endereço em que a proprietária do Mercedes estava registrada. Já passava das 22h e havia pouco trânsito nas ruas, ninguém saía de casa por vontade própria com um tempo daqueles.

Atravessou o centro da cidade rumo ao norte, o endereço procurado ficava na Ingolstädter Straße, uma das vias expressas que levavam nessa direção. Chegando lá, estava em um dos bairros sombrios que haviam sido construídos rapidamente à época dos Jogos Olímpicos de 1972. As fachadas dos prédios revelavam claramente sua idade, manchas de água espalhavam-se nitidamente pelos muros de concreto. As grandes antenas parabólicas nas varandas e as pichações nas paredes caracterizavam o cenário. Os nomes na placa do interfone do prédio em que ela morava não deixavam dúvidas de que ali um mundo se reunira sob o mesmo teto. Nomes turcos alternavam-se com nomes alemães, italianos e russos, até onde se podia reconhecê-los nos papéis escritos à mão. Alguns botões estavam sem nome. Leu-os um a um, duas vezes, três vezes. Mas ele não estava lá, o nome Brodwin. Será que estaria escrito apenas na caixa de correio? As caixas ficavam na escada atrás da porta de entrada, podia vê-las através da porta de vidro.

Sentiu-se ridículo com o seu conjunto de moletom em que já estava morrendo de frio. A essa hora também não poderia mais tocar a campainha. Em sua carteira encontrou um cartão de crédito que já havia perdido a validade. Olhou à sua volta, mas ninguém parecia aproximar-se do prédio. Na escada também não havia luz. Enfiou o cartão na fresta entre o alizar e a porta de vidro e empurrou-o para baixo até a porta se abrir e ele conseguir entrar. Continuava não vendo ninguém. O cheiro bolorento de comida e umidade penetrou-lhe no nariz. Depois de procurar um pouco, encontrou um interruptor de luz. As poucas lâmpadas que ainda funcionavam mergulhavam a escada em uma luz sombria. Via-se apenas o suficiente para uma orientação grosseira.

Ao lado da porta de entrada havia uma parede onde as caixas de correio estavam embutidas. Acendeu o isqueiro e percorreu-as uma a uma. Muitas pareciam ter sido abertas à força. Os moradores lidavam de forma bastante diferente com a identificação dos nomes, alguns os escreviam diretamente sobre a caixa, outros fixavam bilhetes escritos à mão, e alguns, pelo visto, preferiam permanecer anônimos.

O nome que ele procurava estava numa tira de papel colada na penúltima fileira, ao lado havia um segundo nome que fora riscado. Bauer conseguiu decifrá-lo com dificuldade: "S. Fredow".

Até onde conseguira apalpar com os dedos, a caixa de correio estava vazia, também não havia material de propaganda. Provavelmente ela já a esvaziara. Foi até a garagem subterrânea pela escada. Os carros estacionados ali combinavam com o prédio. Em sua grande maioria, velhos carros de passeio e uma ou outra limusine antiga que ninguém mais queria ter devido ao seu alto consumo de gasolina e, portanto, podiam ser comprados a baixo custo. Em uma das fileiras encontrou o VW Golf que também estava registrado no nome dela. O Mercedes e o Mustang que igualmente lhe pertenciam não estavam ali.

Bauer saiu do prédio e procurou nas vagas em frente ao prédio. Não encontrou nenhum dos carros. Sentia-se cansado agora, por hoje lhe bastava. Quando estava novamente em seu carro, pensou se deveria ir para casa. Marion já teria ido embora? Caso não, dormiria em um hotel. Entretanto, ao entrar em sua rua e aproximar-se do seu prédio, o apartamento estava escuro.

Acendeu a luz do corredor na esperança de que ela lhe tivesse deixado um recado dizendo para onde fora. Mas não encontrou nada, nem nos quartos restantes. Na estante de bebidas da cozinha encontrou sua última garrafa de vinho tinto, com a qual se sentou na sala. Ligou a televisão, a cabeça estava vazia. Se alguém lhe perguntasse no dia seguinte ao que ele tinha assistido, não saberia dizer.

Capítulo 18

Na manhã seguinte, não sabia mais quantas taças havia bebido, mas seu corpo parecia ter cimento fluindo em seus vasos sanguíneos. Precisou de algum tempo para se recobrar. Somente quando viu a cama intocada de Marion, lembrou-se dos acontecimentos da véspera.

Eram nove e pouco. Marion provavelmente já estaria no escritório. Sem pensar muito, discou o seu número, mas, antes que começasse a tocar, desligou novamente. O que deveria dizer a ela? Adiantaria telefonar imediatamente ou seria melhor esperar até realmente conseguir provar-lhe sua inocência? Não, pensou, não podia perder tempo com isso no momento. Arrastou-se até a cozinha e preparou um café.

O apartamento era diferente sem ela, em todos os lugares havia marcas suas, sua bolsa, seus sapatos, seu cheiro... em todos os lugares, acusações mudas. O jornal que ele comprara no dia anterior estava à sua frente. Folheou-o, distraído, não havia novidades sobre o seu caso, o restante não lhe interessava.

O toque do celular arrancou-o de seus pensamentos. Era Alex.

– Escute, decidiu sumir de vez ou o quê?

– Está certo, você tem razão, mas é bom que esteja ligando. Fiquei sabendo de algo interessante para nós ontem.

– Quer dizer para nós ou para você?

– Disse para nós, porque talvez eu saiba a quem pertence o Mercedes que o seu vizinho viu.

– Agora você me deixou curioso. Como ele se chama?

– É uma mulher, mas lhe direi o nome quando nos encontrarmos. Antes disso, precisamos esclarecer algumas coisas.

– Que tal hoje à tarde, às três horas no Ivan? – perguntou Alex.

– Tudo bem, até lá.

Quase se esquecera de Alex. Por que não pensara nele logo? Conhecia tantos caras do submundo, quantas vezes não se admirara nos últimos anos quando lhe citava um nome querendo saber com quem essa pessoa mantinha contato. Por que também não haveria de conhecer essa russa e as pessoas com quem ela convivia?

– Que bom que você não me esqueceu por completo. Já estava pensando que, agora que você também está com os seus problemas, me abandonaria de vez. – Alex sentou-se com Bauer na mesa de sempre no canto do bar, de onde duas meninas haviam acabado de se levantar. Alex observou-as saindo e ergueu as sobrancelhas. – Lamentável, certamente teria me divertido mais com elas do que com você, não acha?

– Pensei que você quisesse saber quem matou a sua Svetlana.

– Não me diga que realmente conseguiu progredir no caso. Na última vez que estivemos sentados aqui, pensei que você não daria conta dessa história. Do jeito que você estava mal-humorado...

– Não sei se você consegue imaginar o que significa estar no olho da rua de um dia para o outro, sem fazer a menor idéia do que está acontecendo.

– Não, de fato não consigo, mas também não importa. Agora comece de uma vez. O que está sabendo, Bauer?

– Sei de quem é o Mercedes. Mas antes que lhe diga o nome, é preciso que uma coisa fique clara entre nós. Quero os caras, e você também os quer. Só conseguiremos pegá-los se trabalharmos juntos, nada de atitudes por conta própria. Você me promete não fazer nada sem me dizer antes?

Alex olhou para ele, desconfiado.

– Que é isso, Bauer? Está querendo me dizer como devo agir com esses filhos-da-puta? Esqueceu que eles mataram minha garota?

– Não esqueci, mas eu quero tanto quanto você que eles paguem por isso. Mas de nada me adianta, e nem a você, se agora andar por aí como vingador. Precisamos agir de maneira planejada, só teremos a ganhar com isso, eu e você.

– Está bem, vou ver até onde vamos chegar com essa onda de mansinho. Mas não posso prometer que irei esperar por muito tempo. Se vocês não chegarem a uma conclusão, seguirei o meu próprio caminho.

Bauer tirou a foto do casaco.

– Esta é a garota a quem pertence o Mercedes. Você a conhece?

Alex pegou a foto e observou-a. Balançou a cabeça.

– Não, não acredito que já a tenha visto alguma vez. Ela é do submundo?

– É, ao menos trabalhou há algum tempo num bar de strip-tease na estação central de trem, mas não sei o que está fazendo no momento.

Alex olhou novamente para a foto.

– Há quanto tempo esta foto foi tirada?

– Não sei ao certo, mas agora ela está com 29 anos, e a habilitação foi tirada há quatro anos. Portanto, nesta foto ela devia ter em torno de 25 anos.

– Como se chama?

– Olga Brodwin.

– Não me diz nada. Mas certamente não atua no submundo com este nome, deve se chamar Natascha ou algo parecido. Você por acaso não sabe o nome de guerra dela?

– Não, não faço idéia, já achei ótimo ter conseguido uma foto.

– É um pouco complicado. Se eu mostrar a foto para algumas pessoas, naturalmente alguém pode conhecê-la. Mas não posso garantir que todos manterão segredo.

– Não, não podemos arriscar isso. Apenas pensei que talvez você já pudesse tê-la visto uma vez. Mas, quem sabe, você consiga descobrir alguma coisa apenas com o nome, isso não chama tanta atenção como com a foto. Aliás, ela morou com um tal de Fredow, do primeiro nome só conheço a inicial S.

– Este nome me parece, de certo modo, conhecido. Será que ele se chama Sergej?

– Não sei, mas naturalmente o S. pode significar Sergej. – Bauer estava ficando impaciente.

– Tem um Sergej, pode ser que ele se chame Fredow. Pelo que ouvi dizer, parece ser um grande canalha com as garotas, apenas arranca-lhes o dinheiro. Se foi com ele que ela morou, então posso descobrir alguma coisa. Parece que ele trabalha para um cara que quer se tornar o maioral aqui em Munique. Contudo é muito discreto, em todos os seus apartamentos tem gente fazendo o trabalho por ele. Mas cuidarei disso e o manterei informado.

Alex levantou-se e saiu do estabelecimento.

Bauer decidiu voltar mais uma vez ao prédio.

– Desculpe-me, estou procurando um Sr. Fredow. Será que o senhor poderia me dizer se ele mora aqui?

O zelador só abriu a porta depois de ele ter tocado várias vezes a campainha. Abriu apenas até se ver a metade de sua cabeça na fresta entre a porta e o alizar, seu olhar expressava inconfundivelmente que ele se sentia seriamente incomodado pela presença do outro. Com uma das mãos enfiada na calça de moletom, passou a outra no cabelo penteado para trás com gel.

– Quem é o senhor? – perguntou num tom áspero para, aparentemente, deixar claro que ser prestativo não estava no seu programa.

– Sou um antigo colega dele e queria fazer uma visita, mas não encontrei mais o seu nome na placa do interfone.

– Não me diga, não encontrou mais o nome no interfone. E o senhor pensou: A que idiota neste prédio eu poderia perguntar... Claro, o zelador. Então vamos simplesmente tocar na casa dele, não importa se já é de noite, e vamos incomodá-lo um pouquinho. – O rosto do zelador enrubesceu cada vez mais, parecia ter uma tendência colérica. – Quer saber de uma coisa? Não me interessa como se chamam os caras que entram e saem desta baderna. Não sou pago para isso. Faço o meu trabalho aqui, das nove às cinco, e depois é fim de expediente. Mais alguma coisa?

Bauer queria demais ter mostrado sua carteira de policial para deixar algumas coisas mais claras, mas estava sem ela no momento. Mesmo assim, decidiu voltar mais tarde.

– Sinto muito por tê-lo incomodado, boa noite. – Dissera as últimas palavras contra a porta fechada. Subiu até o apartamento de Olga Brodwin no quinto andar. As paredes do corredor que levava a quatro apartamentos eram amareladas e manchadas de grafite preto em vários lugares. "Fuck Gregor" chamou-lhe a atenção por estar rabiscado imediatamente ao lado da porta do elevador. Na porta de um dos apartamentos estava escrito "Zechmeister", o único nome alemão que vira na placa do interfone, além do zelador. Tocou a campainha.

– Quem é? – Uma voz fraca, sem dúvida de uma senhora mais velha, atravessou a porta fechada.

– Desculpe-me o incômodo, mas estou procurando uma pessoa que morava neste prédio, talvez a senhora possa me ajudar.

A porta abriu-se apenas o quanto a corrente de segurança permitia, e uma mulher idosa de cabelos grisalhos e avental azul-escuro olhou para fora. Era uma cabeça mais baixa do que ele e muito magra, o rosto era pálido, mas os olhos revelavam sua lucidez.

– Precisa entender minha desconfiança, não dá para ser diferente com essas pessoas aqui do prédio. O que o senhor disse? Não entendi bem.

Bauer reuniu novamente todo o seu talento teatral e repetiu.

– Estou procurando alguém que já morou aqui, mas não estou mais encontrando o seu nome.

Enquanto falava, ela o fitava de cima a baixo, o resultado parecia tranqüilizá-la. Ela acenou a cabeça simpaticamente e abriu a corrente de segurança.

– Entre, não precisamos ficar conversando no corredor do prédio.

Ela o levou por um pequeno corredor, onde havia apenas um casaco pendurado no roupeiro, até a quitinete cuja decoração era surpreendentemente moderna, com uma bancada azul-clara. O único móvel antigo era uma mesa de madeira com duas cadeiras, na qual ela o convidou a sentar-se. O olhar admirado de Bauer não lhe escapou.

– Meu filho me deu esta cozinha de presente. Ele disse que eu estava precisando de alguma coisa nova, apesar de a cozinha antiga ainda estar boa. E agora tem sempre alguma coisa quebrada, ora a geladeira, ora o fogão. Estou só esperando qual será o próximo. E o senhor está querendo visitar alguém aqui?

Olhou para Bauer com olhar analítico. Que pessoa alguém como ele poderia conhecer naquele prédio? Apesar de ele estar vestindo apenas uma calça jeans e um blazer por cima de uma camisa azul, dava para ver que se destacava dos moradores comuns.

– Isso, eu trabalhava com ele antigamente, e agora estava por perto e pensei em fazer uma surpresa, mas o nome não consta mais da placa do interfone. Ele se chama Fredow.

– Fredow – disse ela num sussurro e abaixou os olhos. Fez-se uma pequena pausa. – O senhor tem certeza de que pretendia visitá-lo?

– Sim. Por que não?

A mulher levantou-se e pegou os óculos em uma gaveta. Colocou-os no rosto e voltou para sua cadeira. Seu olhar voltou-se para Bauer.

– Meu jovem, sou uma mulher velha, mas ainda não tenho dificuldades para pensar. – Bauer ficou surpreso com essa mudança em seu comportamento, ela parecia ter ficado desconfiada. – Algumas coisas eu esqueço, nomes, por exemplo, mas fora isso continua tudo funcionando muito bem. No que diz respeito a esse Fredow, não posso imaginar que o senhor algum dia tenha trabalhado com ele em uma empresa. Porque, até onde sei, ele jamais trabalhou na vida. E por isso você dificilmente seria um ex-colega dele.

Ela fez uma pausa e olhou para ele com insistência. Ele pensou no que deveria responder.

– Se o senhor me disser quem realmente é e o que deseja, então pode ser que eu continue conversando com o senhor.

Bauer não conseguiu conter o sorriso. A mulher o impressionava. Ele não viu outra maneira senão apostar na sua discrição.

– Sinto muito. Pensando bem, não devo ser um bom ator. A senhora descobriu o meu disfarce, não sou nenhum ex-colega dele. Mas, infelizmente, no momento não posso lhe dizer por que estou precisando de informações sobre ele. Mas juro que tenho motivos importantes e legítimos para perguntar a seu respeito. Mais do que isso não posso lhe explicar no momento. Se a senhora me disser que isso não lhe basta, naturalmente compreenderei e irei embora.

Suas feições, que haviam adotado uma expressão séria, voltaram a relaxar.

— O senhor não me parece ser um amigo dele. Se o fosse, eu certamente não lhe ajudaria. Provavelmente é da polícia ou então um desses detetives como os da televisão.

— Nada mal, mas por ora eu agradeceria se pudéssemos ficar por aqui — respondeu Bauer.

— Tudo bem, quem sabe o senhor me conte um dia. Aceita uma xícara de chá?

Apesar de Bauer nunca tomar chá, e agora, na realidade, também não sentir a tranqüilidade necessária, percebeu que a senhora ficaria ofendida se ele negasse.

— Se a senhora também tomar uma, com prazer.

A mulher foi até o fogão colocar a água para ferver.

— Essa Olga, o senhor a conhece? — perguntou enquanto lhe virava as costas.

— Não, sei apenas que ela aparentemente já esteve com Fredow ou ainda está.

A Sra. Zechmeister voltou para a mesa e sentou-se novamente.

— Pode-se dizer assim também. Sabe, conheço Olga muito bem. Ela foi muito gentil desde o começo, me trazia coisas do supermercado, e assim passou a me visitar algumas vezes à tarde, depois de acordar. Ela sempre me chama de sua vovozinha. Parece que só tem um pai em sua terra natal, com quem já não mantém contato. A mãe já morreu. Há mais ou menos meio ano, esse Fredow começou a aparecer cada vez mais, ela sempre o chamava apenas de Sergej. Inicialmente, ele parece ter sido muito gentil com ela, conforme ela me contava, mas depois ele queria cada vez mais dinheiro dela. Ele também passou a bater nela, uma vez tão fortemente a ponto de ela tocar aqui em casa e eu precisar chamar um médico. Conforme Olga me contou, ele nunca trabalhou, apenas dormia ou assistia televisão o dia inteiro. À noite, freqüentava uns bares. Às vezes ele também trazia amigos para o apartamento. Vi alguns deles uma vez em que eu por acaso estava chegando em casa na mesma hora. Combinavam com ele. Pareciam ter bebido bastante e faziam muito barulho.

A água ferveu, ela levantou-se e a derramou em uma chaleira.

— Gosta de chá de frutas? Não posso mais tomar chá preto, foi meu médico quem me aconselhou.

– Sim, claro – respondeu Bauer, surpreso com a solicitude dos seus relatos. Quantas vezes, em seus interrogatórios, desejara ter testemunhas assim.

– Algumas vezes perguntei a Olga por que ela não expulsava Sergej de casa, afinal o apartamento era dela, ou chamava a polícia. Mas ela tinha medo dele e não tinha coragem de fazer isso. – Serviu o chá.

– Obrigado. Mas agora ele não mora mais com ela, ou mora? Vi que o seu nome foi riscado da caixa de correspondência.

– Veja só, nem reparei nisso ainda. Não reparo nas outras caixas de correio, fico contente quando encontro a minha própria sem os óculos. Mas é possível, sim, porque Olga me disse que há aproximadamente duas semanas Sergej não vem mais ao seu apartamento. Ela inclusive estranhou, porque ele chegou a pegar as suas coisas que ainda estavam no apartamento dela à noite, enquanto ela não estava.

Bauer pegou a xícara e bebeu um gole enquanto a anfitriã prosseguia:

– Olga acredita que tenha acontecido alguma coisa para ele desaparecer assim tão repentinamente.

Bauer procurou relacionar essa data com o que acontecera até então.

– A senhora pensa que ela conheça o motivo dessa saída tão repentina de Sergej?

A mulher encolheu os ombros e girou a cabeça levemente de um lado para o outro.

– Não tenho certeza. Às vezes tenho a impressão de que ela não me conta tudo. Por isso também não sei dizer se ela faz idéia ou não do motivo por que Sergej não está mais vindo aqui. Mas acredito que ela ainda tenha medo dele e tema que ele volte.

– Alguma vez a senhora viu o carro que Sergej dirigia?

– Agora o senhor me pegou de surpresa. Só sei que era um carro verde, bem grande. Isso é importante para o senhor?

– É, sim, me ajuda muito. Pode ter sido um Mercedes?

– Veja bem, quando éramos jovens, meu marido e eu não tínhamos condições de comprar um carro. Depois, quando tivemos um pouco de dinheiro, já estávamos tão acostumados sem carro que acabamos não comprando nenhum. Portanto, tenho muita dificuldade com isso, apesar do meu filho ou meus netos sempre me contarem que modelo estão dirigindo no momento. Apenas sei, como lhe disse, que o carro desse Sergej era bem grande, mas isso já é tudo. Sinto muito.

Bauer estava satisfeito mesmo assim, teve a sensação de ter progredido. Depois de tomar mais um gole, levantou-se.

– Não quer ficar mais um pouquinho, ao menos termine de beber o seu chá com calma – disse a mulher num ligeiro tom de desapontamento.

– Muito obrigado, Sra. Zechmeister, fico-lhe muito grato. A senhora realmente me ajudou bastante, mas ainda preciso resolver muitas coisas hoje.

Ela o acompanhou até a porta. Quando ia pegar a maçaneta, Bauer segurou a porta e olhou para ela.

– Posso pedir-lhe mais um favor? Pode guardar segredo da nossa conversa e não contar nada a Olga? Seria muito importante.

Ela apontou o dedo indicador direito para o peito de Bauer e olhou-o com ar sério.

– Mas só farei isso se o senhor prometer um dia contar-me tudo, em todos os detalhes, do começo ao fim.

– Prometido, assim que puder, farei isso. Até logo, e muito obrigado por tudo, inclusive o chá.

Bauer desceu a escada correndo até a saída. A velha senhora o encorajara. Agora sabia quem dirigira o Mercedes que estivera estacionado em frente ao prédio de Alex. Estava convencido de que o carro verde que a mulher vira era o carro procurado. A época em que Sergej se mudara dali correspondia aproximadamente ao dia em que a namorada de Alex caíra da janela.

Sentiu fome. A geladeira de casa estava cheia, mas a lembrança do apartamento vazio roubou-lhe a vontade de cozinhar para si mesmo. O restaurante italiano ficava no caminho. Era um restaurante simples, mas a cozinha era boa, e ele conhecia o proprietário, Antônio, um cinqüentão corpulento, havia muitos anos. Desde sua suspensão, não freqüentara mais nenhum lugar onde as pessoas o conheciam como policial, mas hoje não estava se importando com isso. Havia apenas alguns clientes no restaurante. O garçom veio em sua direção e estendeu uma toalha de mesa limpa.

– Sozinho, hoje, Sr. Bauer? – perguntou Giuseppe, que desde o começo trabalhou com Antônio.

Bauer não estava preparado para a pergunta, seus pensamentos continuavam voltados para a mulher que entrevistara.

– É, hoje eu vim sozinho. – Antônio não estava lá. Isso era bom, ao menos ninguém lhe faria perguntas a que não queria responder.

Pediu uma lasanha, mais automaticamente do que por escolha, já que a pergunta do garçom repentinamente levara os seus pensamentos a Marion. Lembrou-se de quando estiveram ali algumas semanas antes, comemorando o encerramento de um projeto lucrativo para a empresa dela. Marion era a mulher pela qual ele sentia uma atração que até então nunca sentira. Quando tinham tempo um para o outro, como naquela noite, eram tomados por um tesão fora do comum. Haviam sido os últimos clientes um pouco depois da meia-noite, quando foram de táxi para casa, um caminho rápido que entretanto lhes parecera interminável. Amaram-se loucamente e esqueceram tudo à sua volta. Pela manhã, sentiam-se tão cansados que resolveram tirar um dia de folga.

– Deseja mais um expresso? – ouviu Giuseppe perguntar, trazendo-o de volta de seus pensamentos. Um olhar para o relógio informou-lhe que eram 9h30.

– Sim, traga-me outro, por favor – respondeu Bauer. Pegou o celular e discou o número dela. Ansioso, acompanhou o sinal enquanto a conexão era estabelecida, mas então ela falhou e entrou uma mensagem automática. Ela havia desligado.

Ele pagou e saiu pela noite. A neblina havia se espalhado, o blazer era fino demais para aquela temperatura, sentiu um alívio ao ligar o aquecimento do carro. Havia poucos carros na rua a essa hora. Não notou que um deles o seguia até sua casa.

Capítulo 19

Praticamente terminara de tomar o seu expresso quando Port chegou ao café em que haviam marcado o encontro.

— Desculpe o atraso, mas de certa forma este não é o meu horário. Graças a Deus raramente estou de pé a esta hora.

Port visivelmente dormira pouco, seus olhos pareciam cansados quando se sentou ao lado de Bauer. Além do jeans preto, vestia um agasalho de moletom vermelho escuro e, por cima, um casaco de lã semilongo preto com evidentes marcas de desgaste nos cotovelos.

— Sem problemas, ainda temos tempo. Antes das oito e meia, nem adianta ficarmos a postos.

— Primeiro preciso de um café, e então o senhor pode me contar as novidades de ontem.

Bauer pediu mais um croissant, apesar de não sentir fome, e virou-se para Port.

— Eu fui atrás da tal Olga em cujo nome o Mercedes está registrado. Ela mora num prédio muito caído, tudo apartamentos sociais com inquilinos de todos os países imagináveis. Tive sorte com uma das vizinhas. Ela conhece bastante bem a garota, inclusive recebe muitas visitas dela. Pelo que Olga contou a essa velha senhora, ela trabalha num bar, sempre à noite. É provável que trabalhe numa casa noturna, como já o fizera antes. Lá embaixo, na caixa de correio, o nome "S. Fredow" está escrito ao lado do seu nome, mas foi riscado, de modo que mal consegui ler. A vizinha contou-me que o primeiro nome desse Fredow é Sergej e, até aproximadamente duas semanas atrás, ele morava ali. Parece que brigavam com freqüência, inclusive porque ele queria receber mais dinheiro de Olga. E então ele desapareceu da noite para o dia, totalmente de surpresa, e levou as suas coisas.

— Sabe-se quando ele caiu fora? — perguntou Port.

— A senhora não tinha certeza se Olga sabia o motivo do sumiço, mas teve a impressão de ela não querer mais falar a respeito. Provavelmente tem medo dele. O interessante é que isso ocorreu exatamente na época em que a namorada do meu informante caiu da janela. E ela sabia de mais uma coisa. Esse Sergej tem um carro grande verde, como ela expressou, ou seja, provavelmente o Mercedes que estávamos procurando.

— Isso parece bom. Então ele certamente está envolvido com a história do seu informante. O senhor tem certeza de que existe uma relação entre o suposto suicídio e o seu caso?

Bauer tirou uma folha de papel da carteira e começou a fazer um rascunho.

— Certeza, não tenho. Mas, se juntarmos os fatos, há muitos indícios apontando para isso. Veja só. Alex recebeu da namorada as informações que levaram à batida policial. A batida policial foi um fracasso absoluto, e logo depois a garota despenca para a morte, sendo que uma testemunha a vê subindo para o seu apartamento acompanhada por dois caras. E, em frente ao prédio, é visto esse Mercedes.

— Sim, tudo bem, mas essa relação temporal também poderia ser pura coincidência. Quem sabe seu informante tenha brigado com uns caras por outro motivo qualquer, e estes tenham se vingado dessa maneira...

— Não posso eliminar essa possibilidade. Afinal, o senhor sabe que uma pessoa como Alex não me fala sobre todos os seus negócios.

Port tirou o casaco e tomou um gole do café que a garçonete acabara de servir.

Bauer continuou falando.

– Penso que agora não devamos mais nos concentrar tanto nesse Sergej. O advogado Haumer, que trabalha para essa empresa nas Ilhas Virgens Britânicas, certamente é o cara em que precisamos manter o foco no momento. Espero que procuremos saber com quem ele mantém contato. E então o resto ficará claro.

Port refletiu por um instante e tirou um cigarro do casaco.

– Incomoda? – perguntou casualmente enquanto procurava o isqueiro no bolso de dentro.

– Não, sem problemas, o ar daqui já está contaminado mesmo. Esse cigarro não fará diferença.

Port tragou fortemente e soprou a fumaça para o alto. Olhou para Bauer.

– Também vejo dessa forma. Há fortes indícios de que as duas histórias estejam interligadas. Por mim, podemos começar. Ontem à noite pedi que estacionassem o carro para o senhor em frente ao café, aqui está a chave. No porta-luvas tem um aparelho de rádio-amador.

– Eu diria que um de nós deve ficar em frente ao escritório do advogado para poder fotografar todas as pessoas que entram ali. E o outro deve ficar um pouco mais afastado.

Port tirou uma foto do bolso do casaco.

– Ontem à noite pedi ao meu conhecido do jornal que desse uma olhada no arquivo, e ele teve sorte. Há alguns anos fotografaram Haumer antes de uma audiência, aqui está a foto.

Bauer olhou para a foto. Era em preto-e-branco e fora tirada de lado. O homem fotografado tinha entre cinqüenta e sessenta anos de idade e uma testa alta, os cabelos restantes pareciam espalhados por toda a cabeça.

– Posso ficar com ela?

– Pode, mandei fazer duas cópias. Caso concorde, posso ficar em frente à entrada. Instalei um suporte para a minha máquina fotográfica, com ele posso fotografar sem chamar a atenção. – Port chamou a garçonete e pagou a conta. – Quem chega atrasado paga a conta, sempre foi assim – disse Port com uma risada. Bauer acenou a cabeça, e saíram juntos do café.

Do lado de fora, o dia havia raiado e começara a chover leve-mente. A maioria dos carros continuava com os faróis acesos, o trânsito vespertino estava a todo vapor. No prédio do escritório de advocacia, a maioria dos imóveis era residencial. Assim como os prédios vizinhos, tratava-se de uma sóbria construção funcional de cinco andares da década de 1960, com uma fachada que havia pou-co fora pintada de um amarelo chamativo. As molduras das jane-las pareciam originais, sua madeira apresentando fortes marcas de apodrecimento.

O escritório do advogado ficava no primeiro andar, e segundo a placa do interfone era o único advogado ali. Bauer preparou-se para um longo dia. Como estava a aproximadamente cem metros do endereço, não tinha uma vista inteiramente livre. Precisava aguardar as informações que Port lhe passaria pelo rádio.

O Golf que Port lhe emprestara estava precisando de uma bela limpeza interna, os tapetes estavam cobertos por folhas e outras su-jeiras de rua, havia um forte cheiro de fumaça, o que Bauer detes-tava. Antes de qualquer coisa, esvaziara o cinzeiro superlotado, mas isso não melhorara o cheiro. Ele se viu obrigado a escolher entre sentir frio com a janela aberta e o ar puro, ou suportar o cheiro de cigarro. Optou pelo ar puro.

Já estavam ali havia mais de uma hora, quando um Alfa Romeo preto passou pela entrada ao lado do prédio, para, pelo visto, esta-cionar no pátio de trás.

– O senhor viu o Alfa? – perguntou Port pelo rádio.

Bauer dormira mal à noite, acordara diversas vezes e estava tão cansado que por pouco não adormecera. Precisou procurar o apa-relho de rádio no assento do carona antes de poder responder.

– Não, não estou com a visão livre para lá.

– O motorista voltou para a rua com uma mala e agora está em frente à entrada do prédio. Acho que pode ser o nosso homem. Está abrindo a porta e entrando no prédio.

Essa notícia o despertara por completo novamente em questão de segundos.

– O que ele vestia?

– Estava com um sobretudo comprido e preto. Por causa do guarda-chuva, vi o seu rosto apenas rapidamente, mas tenho quase certeza de que era o homem da foto. Veremos quem aparecerá no escritório hoje.

Até o final da tarde não aconteceu nada, apenas duas mulheres saíram do prédio. Depois de pouco tempo retornaram com sacolas de compras, portanto moravam ali. Quando começou a escurecer, pouco a pouco vários carros entraram no pátio.

Port também foi para a parte de trás do prédio e viu que todos estacionaram os carros nas vagas reservadas aos inquilinos. Entre os homens e as mulheres que saíam dos carros e entravam no prédio, nenhum parecia ser do submundo da prostituição. Bauer lutava cada vez mais contra o sono. A música do rádio o estava irritando, e as notícias, que já ouvira mais de dez vezes, também não o interessavam mais. Nesse ínterim, o trânsito diminuíra muito e apenas alguns carros passavam pela rua.

– O senhor consegue ver se tem luz no escritório?

Bauer temia que o advogado talvez já tivesse deixado o escritório, sem que Port notasse. Muitas vezes acontecia que a pessoa observada saía do prédio justamente no momento em que a visão estava encoberta, e eles então continuavam sentados durante horas em vão.

– Sim, no escritório do primeiro andar ainda tem luz.

Bauer trocou novamente o CD e levantou o encosto do assento para não adormecer.

– Atenção, estou vendo movimento, a luz do escritório foi apagada.

Sua pulsação voltou a acelerar.

– Está saindo do prédio em direção ao seu carro. Eu o informarei assim que ele sair do pátio.

Bauer ligou o motor e desligou a música.

– Está saindo do pátio com o seu Alfa e está dobrando à esquerda, na sua direção.

Bauer avistou os faróis pelo retrovisor vindo em sua direção. Inclinou-se para o lado para não ser atingido pelo cone de luz. Quando o Alfa Romeo passou por ele, saiu da vaga e seguiu-o.

– Eu o vi, agora estou atrás dele.

O advogado dirigia muito devagar, portanto não foi difícil mantê-lo sob vigilância. Parecia estar telefonando enquanto dirigia. Já estavam andando havia quinze minutos e chegaram a uma pequena rua transversal próximo à estação de trem principal, quando o Alfa ligou a seta para a direita.

– Deve estar procurando uma vaga – exclamou Bauer no aparelho de rádio. Port reagiu imediatamente. – Está bem, ficarei para trás e estacionarei por aqui.

Pela manhã, estivera apreensivo quanto ao modo de trabalhar de Port, mas o dia revelara que a parceria com ele funcionava bem.

O advogado encontrou uma vaga e saiu do carro. Já não chovia, de forma que agora podia vê-lo bem. Sua estatura baixa chamava a atenção. Media no máximo 1,70 m e, assim como na foto, usava o cabelo louro escuro atravessado sobre a cabeça, presumidamente para disfarçar a calvície.

Os óculos de armação preta, que ele não usara na foto, conferiam-lhe ao rosto uma expressão muito antiquada. Parecia com pressa.

Bauer também precisava sair do carro para poder segui-lo, mas não encontrou vaga. Não havia saída. Foi obrigado a estacionar em frente a uma entrada de garagem, correndo o risco de ter o carro rebocado. Com passos ligeiros, o advogado aproximou-se de uma fileira de prédios. Ao alcançar a entrada para um pátio interno, parou. Seu olhar moveu-se para a esquerda e a direita, registrando as pessoas que estavam na rua. Havia alguns pedestres na calçada, de modo que Bauer conseguiu permanecer escondido entre eles.

Haumer aparentemente não percebera que estava sendo observado, porque prosseguiu seu caminho para o pátio interno. Bauer o seguiu até a entrada do pátio e viu-o desaparecer em um dos prédios. Bauer atravessou o pátio correndo.

Ao chegar à portaria do prédio, o lugar em frente ao elevador estava vazio.

O visor ao lado da porta do elevador indicava o quinto andar. Ele parecia ter parado ali, porque o visor não mudou mais.

Bauer olhou para a placa do interfone. No prédio havia várias empresas de importação e exportação, agências de propaganda e inúmeros apartamentos. No quinto andar havia apenas números particulares. Ele subiu no elevador. Só faltava topar de frente com o advogado. Entretanto, quando saltou, não viu ninguém. Havia acesso a seis apartamentos dali. Três tinham nomes na porta, mas eles não o remetiam a nada.

Parou rapidamente em frente à porta de cada apartamento, na esperança de ouvir vozes. Não ouviu nada atrás das primeiras quatro portas, nenhuma voz, nenhum ruído. Na próxima, ao ler o nome "Bause", ouviu uma voz feminina.

– Não, sinto muito, você não pode vir agora. Estou com visita, e Natalie não está aqui hoje. Mas daqui a uma hora estarei livre. Podemos conversar sobre o preço quando você chegar. Afinal nem sei ainda tudo que você deseja. – Seguiu-se uma pausa mais demorada. E então ouviu novamente a voz feminina. – Olhe, não precisamos discutir isso agora ao telefone. Passe aqui, certamente chegaremos a um acordo. Até daqui a pouco.

Se o advogado tinha entrado neste apartamento, então era nítido o que o levara até lá. Bauer ficou mais alguns minutos parado em frente à porta, mas não conseguiu ouvir mais nada. Não queria ficar mais tempo ali, poderiam encontrá-lo com muita facilidade. Em cada porta enfiou um pedaço de papel entre a porta e o alizar que, ao abrir, cairia no chão.

Em seguida, voltou ao térreo e verificou as caixas de correio. No escaninho de Bause não havia nada. No outro dia ligaria para a administradora do prédio, talvez conseguisse obter mais informações sobre a inquilina do apartamento. Acabara de entrar no seu carro quando Port o chamou pelo rádio.

– O que houve?

– Ele foi até o quinto andar, mas depois não consegui ver onde ele entrou. Ao que parece, ali também funciona uma pensão de quinta de algumas meninas que recebem as visitas correspondentes. Ao menos a conversa telefônica que eu consegui acompanhar pela porta indicava isso.

– O senhor acredita que ele tenha entrado ali?

– É possível, mas não podia ficar esperando ele sair. Preparei a porta. Assim que ele sair do prédio, irei verificar. Com um pouco de sorte, saberemos.

– Está bem. O senhor fica incumbido do apartamento quando ele sair. Ficarei colado nele até onde puder.

O carro de Bauer estava próximo à entrada do pátio traseiro. Enquanto ninguém saísse da garagem, poderia permanecer ali. Todas as vagas da rua continuavam ocupadas. O Alfa Romeo do advogado estava a alguns veículos atrás dele. Ele ajustou o espelho retrovisor de modo que pudesse ver a entrada para o pátio interno de onde Haumer deveria sair. A iluminação da vitrine fornecia bastante luz.

– O senhor viu o Mercedes? – A voz de Port estava agitada. – O cara que estamos procurando não dirige um velho Mercedes verde cujo final da placa é 4566?

– Sim, correto, por quê?

– Um cara acabou de estacionar atrás de mim e está saindo do carro agora. Não consegui ler as letras, mas quanto aos números tenho certeza. Ficarei em cima quando ele sair do carro.

Bauer olhou pelo retrovisor, mas não conseguiu ver ninguém se aproximando do prédio.

– O cara já saltou do carro?

– Não, continua sentado. Parece estar esperando alguém.

Havia poucos pedestres na rua, dois homens haviam entrado no prédio, um atrás do outro. Durante meia hora não aconteceu nada, e então viu Haumer voltando.

– O cara do Mercedes saiu do carro agora e está indo na direção do advogado.

Os dois não pareciam ter combinado o encontro. Haumer seguiu em frente em direção ao seu carro e estava prestes a abri-lo, quando o outro o tocou no ombro por trás. Apesar de Bauer estar a alguns comprimentos de carro de distância, pôde ver que o advogado se assustara. Houve uma rápida discussão, Haumer gesticulava fortemente com os braços.

– O senhor consegue entender sobre o que os dois estão discutindo? – Port estava mais próximo da cena, quem sabe ele conseguisse ouvir alguma coisa, pensou Bauer.

– Não, também estou longe demais, e acho muito arriscado sair do carro. Apenas tenho a impressão de que o grandalhão está bastante enfurecido, o advogado não me parece lá muito feliz. Dá a impressão de estar com medo.

Uma mulher de idade passou pelos dois briguentos e parou, curiosa. O motorista do Mercedes a notou e falou furiosamente com ela, o braço indicando-lhe que prosseguisse. Apesar de não ser possível compreender o que ele dissera, aparentemente ela se convencera de que era melhor seguir adiante. Ele era consideravelmente mais alto que o advogado, que estava de pé diante dele com os ombros caídos e a cabeça encolhida.

Depois de quinze minutos, Haumer e o motorista do Mercedes se separaram novamente, e cada um entrou em seu carro. O advogado foi embora. Port o seguiu. Bauer saiu do carro e viu que o motorista do Mercedes estava sentado no carro telefonando no celular. E viu também todo o número da placa. Era o seu Mercedes, aquele que estavam procurando.

A caminho do prédio, não olhou mais para trás e foi diretamente para o quinto andar. Nas primeiras portas, o pedaço de papel continuava no mesmo lugar. Ao chegar ao apartamento de "Bause", viu que havia caído. Voltou ao carro. Não se via mais nada do Mercedes.

— Como estão as coisas por aí, Port?

— Não fomos longe, talvez cinco quilômetros. Perto da ponte Donnersberger Brücke tem uma pequena casa geminada, com um jardim bastante maltratado. Ele parece estar sozinho, estava tudo escuro quando ele chegou. No momento, está na cozinha. Acredito que possamos encerrar o nosso expediente por hoje. Vou ligar para seu telefone.

O celular de Bauer tocou.

— Não queria falar pelo rádio, hoje em dia qualquer um pode ouvir. O que acha do dia de hoje?

— Já sabemos que existe alguma ligação entre os caras do Mercedes e o advogado. Portanto, meu informante parecia estar certo ao afirmar que o assassinato de sua namorada tem relação com a minha história.

— E como prosseguiremos agora?

— Amanhã quero tentar obter mais informações sobre a inquilina do apartamento em que Haumer esteve.

— Está bem, então sugiro que me ligue quando tiver descoberto alguma coisa.

— Combinado, até amanhã.

Bauer estava com fome, durante todo o dia comera apenas um sanduíche de presunto que comprara num posto de gasolina. O dia fora bem-sucedido, seria bom se continuasse assim. Quantas vezes ele participara de observações com colegas, durante dias, sem que acontecesse alguma coisa interessante. Ou os caras que estavam vigiando não saíam mais dos seus apartamentos, ou passavam horas dentro de bares, o que também não era muito interessante para eles. Mas hoje tiveram sorte, logo no primeiro dia. Alex estava certo. Pegou o celular e discou o número.

— Pronto.

— Alex, sou eu, Bauer. Você pode falar?

— Mande ver, Bauer, sem problemas.

— Você estava certo, o caso da sua namorada e a minha história têm relação. Nós vimos o Mercedes. O motorista era um cara bem alto, trinta e poucos anos. Pode ter sido esse tal de Sergej.

— Eu tinha certeza disso, mas agora você também parece estar convencido. Eu também tenho novidades para você. Esse Sergej sumiu. Ele desapareceu repentinamente da casa da garota com quem estava vivendo. Ninguém sabe onde ele está morando. Parece que há algumas semanas rolou uma parada da qual ele participou. Por isso ele deve ter desaparecido. Mas as pessoas não sabem muito a seu respeito, sempre foi muito discreto, nunca chamou muito a atenção.

— Há algumas semanas, isso poderia ter sido o assassinato da Svetlana, não é?

— É possível. Algumas pessoas me disseram que esse Sergej não age por conta própria. A garota com quem ele morava era a única de quem ele mesmo ganhava dinheiro. Fora isso, aparentemente trabalha para outra pessoa, entretanto ninguém sabe quem é que está por trás dele. Mas daqui a pouco encontrarei mais um cara, talvez ele saiba mais. Eu te ligo.

Alex desligara o telefone antes que Bauer pudesse responder alguma coisa.

Queria ligar o motor, mas nada aconteceu. A bateria havia descarregado. Talvez Port devesse ter-lhe dito que o seu carro não suportava que se deixasse o rádio ligado com o motor desligado. Deveria começar agora a fazer várias ligações e esperar que alguém viesse para dar uma carga na bateria? Já estivera na rua o bastante por hoje. Pegou um táxi e foi até o seu carro.

As janelas do seu apartamento estavam escuras, como sempre, quando chegara em casa nos últimos dias. Não esperara nada diferente. E mesmo assim a cada dia voltava a decepcionar-se. No fundo, ainda tinha esperanças de que haveria luz no apartamento, e que Marion o estaria aguardando quando ele chegasse.

Resolveu tentar se distrair com um bom filme. *O fugitivo*, com Harrison Ford, já fazia algum tempo que não assistia a ele. O elevador subiu da garagem subterrânea até o primeiro andar com a tortuosa lentidão de sempre.

Aos poucos, a tensão do dia deu uma aliviada. Ele encostou-se na parede do elevador e observou seu rosto no espelho – houve tempos em que gostara mais de si. A porta automática abriu-se lentamente. Impaciente, forçou-a para sair logo.

Sua mão estava à procura da chave no bolso da calça, quando seu olhar caiu sobre a porta do apartamento e o assustou. Na fechadura viam-se marcas de ferramentas maciças, a madeira estava estilhaçada, o alizar, entortado. Já vira muita coisa parecida nos seus tempos de delegacia criminal, mas sempre em apartamentos de terceiros. Desta vez, era o dele. Não havia dúvidas de que alguém invadira o apartamento.

Sem pensar que o criminoso ainda poderia estar lá, entrou às pressas e acendeu a luz. No corredor nada lhe chamou a atenção, seus blazers e casacos estavam pendurados, como sempre, no roupeiro. Seu olhar vagou pela sala. A cena era de devastação.

Todas as portas do armário da sala, que ele comprara havia apenas alguns meses, estavam abertas e algumas delas tinham sido arrancadas das dobradiças. Estavam penduradas diagonalmente no ar. As gavetas haviam sido puxadas para fora do armário, papéis espalhados por todo o chão. Quando entrou, sentiu cacos de vidro rangendo sob os pés. Havia taças de vinho quebradas, e um vaso caro que ganharam de casamento também estava diante dos seus pés. Ele entrou no escritório, a cena era a mesma. Todas as gavetas abertas, o conteúdo delas jogado no chão, extratos bancários, o contrato de aluguel, documentos de seguradoras. A velha escrivaninha da virada do século, que ele comprara havia alguns anos em um antiquário, estava arrombada, a fechadura, caída no chão. Quem quer que tivesse estado ali, não se esquecera de nada. Mas o que o criminoso estivera procurando? Ele era apenas uma vítima casual ou havia mais por trás disso tudo?

Estava cansado demais para procurar por respostas agora. Deveria entrar em contato com os colegas? De que adiantaria? Hoje em dia praticamente ninguém deixava mais impressões digitais, e, em relação à seguradora, ele também poderia deixar o registro de ocorrência para o dia seguinte. Mas precisava mandar trocar a fechadura, a porta não podia mais ser trancada.

O chaveiro mais barato que encontrou depois de alguns telefonemas ao menos entendia do seu trabalho, apesar de ter levado mais de uma hora para chegar. Mas pelo menos a fechadura voltou a funcionar. A essa altura, a pizza que ele comprara a caminho de casa já se fundira com a cartolina da embalagem. Jogou-a no lixo.

Com fome, e exausto, examinou o seu estoque de latas, até optar por um atum que estava quase passando da validade e uma fatia de pão velho. Sentou-se à pequena mesa que haviam aparafusado à parede da cozinha.

O que os ladrões teriam procurado? Chegaram a levar alguma coisa? Mas verificar todos os documentos agora, pegar cada papel na mão, isso levaria horas. Não, não teria mais paciência para isso naquele momento. Vira a televisão e o aparelho de som na sala, e os quadros, dos quais dois eram de pintores contemporâneos e tinham algum valor, também pareciam intactos. Perdido em seus pensamentos, ficou brincando com o garfo na lata de atum, perdera a fome. Já era bastante por hoje. Foi até o quarto. Ao menos aquele cômodo eles haviam poupado.

Na manhã seguinte acordou cedo, tinha a sensação de que não dormira, de tão abatido que se sentia. Os colegas da delegacia de roubos tinham-lhe prometido ao telefone que viriam imediatamente, e, enquanto aguardava os policiais, tentou ao menos juntar os papéis em uma única montanha.

Até onde pudera perceber, todos os documentos importantes, como apólices de seguro de vida e também sua identidade, ainda estavam lá. Quanto mais arrumava, menos compreendia o que os criminosos haviam procurado de fato. Não tinha dinheiro no apartamento, exceto algumas notas que ele guardava em uma carteira. Ali não estava faltando nada. As fotos que mostravam Marion em uma praia em Namíbia, eles também não a haviam levado. Guardou-as. Tiradas ao sol poente, seu corpo bronzeado jogava uma longa sombra contra as dunas, em sua nudez deitada sobre a areia ela se fundia com essa impressionante natureza. A raiva cresceu dentro dele. As vítimas de assaltos a casas não haviam relatado diversas vezes que precisavam de muito tempo para se recuperar do choque, dessa agressão à sua privacidade? Conseguiu compreendê-las nesse momento.

Os policiais que vieram à sua casa o conheciam. Por isso, aparentemente, esforçaram-se por causar a impressão de que tiveram muito trabalho para encontrar alguma pista. Entretanto não puderam fazer muita coisa além de tirar algumas fotos do local do crime. Depois de meia hora, já haviam ido embora novamente, não sem antes intimá-lo a enviar um relatório de danos à sua repartição. Enquanto isso, ele fez uma arrumação grosseira e decidiu deixar por isso mesmo, ao menos por enquanto.

Capítulo 20

O celular tocou. O policial estava sozinho no escritório naquele momento, por isso atendeu a ligação.

– Ele deseja vê-lo imediatamente.

Haviam combinado que ele só receberia ligações em casos de extrema urgência. Fora isso, ele mesmo sempre telefonaria. Era mais seguro assim.

– Por quê, o que aconteceu?

– Ele próprio lhe dirá! – O outro já desligara o telefone antes que pudesse perguntar algo mais.

Para que o telefonema? Estava tudo correndo como haviam planejado. Todos haviam lido a reportagem no jornal, e a esposa de Bauer saíra de casa. Alguma coisa de que ele não soubera dera errado? Sentiu vontade de retornar a ligação imediatamente, mas teria sido em vão, eles não lhe diriam nada. Mais uma hora, e encerraria o seu expediente. Mal vestira o casaco, estava a caminho da porta, quando um colega entrou.

– Precisamos da sua opinião com relação a um interrogatório, você ainda tem tempo?

Seus pensamentos continuavam centrados no estranho telefonema que recebera.

– Sinto muito, mas hoje é absolutamente inviável. Tenho uma importante consulta médica, mas, em outra ocasião, com prazer.

Sem esperar pela resposta, forçou a passagem entre a porta e o colega e correu escada abaixo para a saída. A caminho do seu carro, chocou-se com um senhor idoso que reclamou intensamente e gritou atrás dele, ameaçando-o com o guarda-chuva. Hoje não lhe importava, ele precisava saber o que acontecera, o mais rápido possível. Muita coisa dependia do êxito dos seus planos. Pensou em Eva, seu amor húngaro, como ele a chamara ao despedir-se na sua última visita, ela era a sua nova vida que deveria começar em breve. Não permitiria que isso lhe fosse tirado, por ninguém, nem mesmo por Rado.

Nunca fora tão rápido, levara apenas 45 minutos até lá, o cascalho espirrou lateralmente enquanto ele percorria em alta velocidade a estrada de acesso que subia até a casa. Rado o aguardava na sala, estava na janela, olhando para fora. Sem virar-se, dirigiu-lhe a palavra.

– Sente-se! – E então Rado virou-se para ele, o rosto vermelho de raiva. – Tira, temos problemas.

Nervoso, o policial escorregou para frente em sua cadeira, suando.

– Por quê? Diga logo o que aconteceu.

– Você tinha falado que o seu querido colega é um cara obediente, que não nos traria dificuldades durante a execução dos nossos planos. Entendi corretamente ou não?

– Sim, isso mesmo.

– E ao perguntar novamente no nosso último encontro, você continuava acreditando nisso, ou não?

– Sim, diabos, conte logo, pra que isso! – O policial deu um salto da cadeira.

– Da última vez eu mesmo lhe disse que tinha as minhas dúvidas. E agora vou lhe mostrar que Rado mais uma vez estava certo.

O russo entregou um envelope ao policial. Era um envelope pardo comum, com as mãos sentiu os contornos do conteúdo, que era fino e muito leve. Rasgou o papel e virou o conteúdo sobre a mesa. Três fotos em preto e branco caíram do envelope. As imagens eram bem nítidas, a letra dos documentos que haviam sido fotografados era claramente legível. O policial pegou uma das fotos.

O remetente era uma empresa, Tropa S.A. Já ouvira o nome de Rado uma vez. A carta era endereçada à empresa Scott & Scott Trust nas Ilhas Virgens Britânicas. Como ele não falava inglês, não pôde compreender do que tratava o documento.

— O que você acredita que seja isso? — perguntou Rado, impaciente.

— Uma carta qualquer que trata da Tropa S.A. O que mais poderia ser?

— Muito bem, mas isso ainda não é tudo. De onde pensa que nós conseguimos essas fotos?

— O que você quer? Isso é um jogo de adivinhação? Não faço a menor idéia.

O policial estava perdendo a paciência.

— Encontramos essas fotos no barraco do seu obediente colega. E agora eu me pergunto, como ele conseguiu isso? Esses documentos fotografados são de um escritório nas Ilhas Virgens Britânicas, e absolutamente sigilosos. Não faço a menor idéia de como ele as conseguiu. Mas talvez você seja mais esperto do que eu.

Rado acendeu uma cigarrilha e soprou a fumaça na direção do policial.

— Não faço a menor idéia de como Bauer conseguiu essas fotos. Talvez não tenha sido ele quem tirou as fotos. Poderia ter recebido de outra pessoa. Quem teria acesso a isso?

— Esse é o problema. Na realidade, ninguém além do pessoal do escritório nessa ilha. E a obrigação deles é manter tudo em sigilo. Não posso imaginar que algum deles tenha entregado isso a esse cana. De onde eles saberiam, aliás, que ele está envolvido nesta história?

— Então só ele pode ter tirado as fotos ou, quem sabe, o detetive do qual você me falou. Mas qual é exatamente o problema? O que está escrito na carta?

Rado voltou para a janela e olhou para fora. A fumaça da cigarrilha seguiu-o como uma nuvem.

— Por ali dá para saber que o nosso advogado, Haumer, tem uma relação com a Tropa S.A. E justamente isso ninguém deveria saber.

– Não vejo problema. De que lhes adianta conhecer o advoga-
do agora? Dificilmente conseguirão extrair alguma coisa dele. Ou
você escolheu um idiota?

– Meu tira, pegue leve. Eu escolho as pessoas certas. Por esse
lado, não tem com que se preocupar. Quando o conheci, era um dos
melhores. Sempre um pouco mais ágil do que os outros, sempre uma
idéia à frente. Gostei disso. Mas ele piorou, de repente já conseguiu
dinheiro demais, não sei.

– O que significa isso? – perguntou o policial, nervoso.

– De certa forma, não estou gostando mais dele, não me sinto
mais à vontade com ele. Agora começa a beber sempre na hora do
almoço, além do mais passa todas as noites com essa vagabunda.
Temo que ele esteja exagerando. Quando alguém está numa fase
dessas, você nunca sabe como ele reagirá ao ser pressionado. Isto da-
qui vai muito além desses poucos bordéis onde as garotas trabalham.
Através da Tropa S.A., temos outros negócios, é dinheiro grosso, e
as outras pessoas que também cooperam ali não querem estresse,
entende?

O policial estava totalmente surpreso.

– Você nunca me falou nada disso, de que havia outros negó-
cios rolando ali.

– E por que eu deveria, tira? Você já é nervoso demais por na-
tureza. Esqueça simplesmente, preocupe-se com as suas coisas, isso
basta.

O policial aproximou-se de Rado.

– Sim, e daí? O que você vai fazer agora? Vai esperar que o pe-
guem e o obriguem a abrir a boca?

– E o que você faria? – Ninguém disse nada, Rado acendeu
mais uma cigarrilha e, pensativo e de cabeça baixa, andou de uma
parede à outra. – Vou dizer o que farei. Primeiramente, pensar
com calma. O que eles sabem até agora? Na realidade, nada. De
que lhes adianta saber que ele assina em nome dessa empresa?
Isso não basta para entender o nosso joguinho. Só teremos proble-
mas se ele não calar a boca. E é justamente isso que precisamos
garantir.

– Como pretende fazer isso?

– Deixe comigo, eu dou o meu jeito. Estou mais preocupado é com esse Bauer que não sossega. Há alguns dias Sergej o viu em frente à casa do advogado.

O policial, em cuja testa agora se formavam gotas de suor, limpou o rosto com um lenço.

– Precisamos pensar numa maneira de detê-lo.

Rado olhou para ele e ergueu as sobrancelhas. Soltou um assobio entre os dentes.

– Uau, que tom mais ameaçador o seu, tira, não conhecia esse seu lado.

– Também não conhecia, mas não podemos esperar até que seja tarde demais.

Rado sentou-se em uma poltrona.

– Sabe, entre nós existe um ditado que diz que você precisa vencer o seu inimigo antes que ele descubra que você é o inimigo dele. E por isso pensamos numa solução, mas você não precisa saber disso. Só lhe contei todas essas coisas para que você tome mais cuidado. Tem muita coisa em jogo. Pode ir agora.

Rado saiu da sala e atravessou o corredor comprido em direção à porta de casa, dando a entender que a conversa estava encerrada. Na porta, virou-se novamente em sua direção.

– Quero que a partir de agora eu consiga falar com você vinte e quatro horas por dia, portanto deixe o celular ligado. E não cometa nenhum erro. Tudo continua correndo como sempre. Se alguma coisa mudar, mando avisá-lo.

Quando o policial alcançou o seu carro estacionado em frente à casa, já não podia mais ver Rado. O policial não gostou do que estava acontecendo. Rado o abandonaria? O que seria dele e dos seus planos em Viena?

Capítulo 21

A administradora do prédio em que haviam visto o advogado no dia anterior ficava em um prédio novo. Quando Bauer apertou a campainha, a porta abriu-se automaticamente. Uma jovem que mal completara 20 anos de idade estava sentada em frente ao computador no pequeno escritório e levantou o olhar quando ele entrou. O seu cabelo tingido de preto contrastava fortemente com as sobrancelhas claras, um pequeno brilhante no nariz reluzia à luz da luminária de teto.

O cigarro que ela deixara no cinzeiro ao lado do teclado certamente não era o primeiro que acendera hoje, ao menos era o que o cheiro na sala revelava. A mobília estava coberta por uma camada cinza amarelada, desde as cortinas até o computador e as estantes, onde um fichário preto emendava no outro.

— Olá, o que deseja?

— Eu gostaria de falar com o chefe da administradora predial.

— Então volte mais tarde, em torno das três horas.

Bauer pensou em como explicar à garota o que ele queria saber e principalmente por quê.

— Mas talvez isso nem seja preciso. Você provavelmente poderá me ajudar. Trata-se do apartamento do meio no quinto andar no prédio ao lado. Ouvi dizer que está à venda, e eu gostaria de saber a quem pertence para que eu possa falar com ele.

— Não sei se está à venda. Estou absolutamente sem tempo para isso, preciso terminar este faturamento até a hora do almoço. Já deveria estar pronto ontem.

Bauer adotou a expressão mais submissa que pôde.

— Sinto muito por estar incomodando. Vim de fora apenas para isso. Será que você não podia dar uma olhadinha no computador? Eu lhe ficaria imensamente grato.

Sem dizer palavra, ela inseriu alguns números e letras no computador e olhou para ele.

— O proprietário se chama Haumer, mas aqui não tem nada dizendo que ele esteja querendo vender.

— Será que você podia, ainda assim, anotar o endereço para mim, para que eu mesmo pergunte a ele?

— Se é tão importante para o senhor... — Ela anotou os dados num pedaço de papel e estendeu-o por cima da mesa para ele. — Mas agora realmente preciso continuar o meu trabalho.

— Sem problemas, muito obrigado. Você me ajudou muito.

Bauer saiu do escritório. No corredor, parou. Então o advogado era o proprietário do imóvel... E ali as garotas se prostituíam, no apartamento do advogado. Teria ele outros apartamentos? Ocorreu-lhe uma idéia.

O trânsito ficou cada vez mais intenso durante o dia. Era o primeiro dia das últimas duas semanas em que a cidade não estava coberta por neblina. O sol fazia bem, apesar de não estar aquecendo muito. Muitas vezes chegava a precisar de meia hora para poucos quilômetros na cidade, a cada dia instalavam um sinal novo em algum lugar. Parecia-lhe que, se pudessem, instalariam sinais com três luzes vermelhas para que o maldito trânsito finalmente parasse de vez e o silêncio tomasse conta da cidade.

Ao chegar em frente ao prédio, imediatamente as lembranças voltaram. Aqui haviam ficado parado durante horas, o pessoal da sua delegacia e o comando de operação especial, esperaram hora após hora, e então tudo começara. Guardara o nome do inquilino. Procurou o zelador, não encontrara nenhuma administradora. Uma mulher de meia-idade abriu a porta.

— Sim, o que há?

– Desculpe o incômodo, mas gostaria de saber de quem é o apartamento no sexto andar, onde mora o Sr. Moosbauer.

– Não sei, meu marido é que sabe dessas coisas, mas ele está no hospital. Pergunte ao próprio inquilino, afinal ele deve saber.

– Obrigado, sim... Farei isso.

Estava quase certo de que este não o reconheceria mais, haviam sido mais de dez policiais na ocasião, era pouco provável que o inquilino tivesse gravado cada rosto. Mas antes de tudo queria verificar se o apartamento não teria voltado a ser usado como bordel, porque às garotas ele certamente não precisaria perguntar.

Na campainha continuava escrito o mesmo nome. Tocou-a. Nada. Novamente. No apartamento, uma porta foi aberta e imediatamente voltou a ser fechada.

– Quem é? – A voz masculina soava muito cansada apesar da hora do dia e parecia enfraquecida pelo álcool.

– Desculpe, por favor. Poderia fazer-lhe uma rápida pergunta, trata-se de novos termostatos de calefação que precisam ser instalados.

O homem atrás da porta não disse nada. Bauer ouviu os passos se afastarem da porta. E não ouviu mais nada. Tocar a campainha novamente não adiantaria, precisaria esperar o cara voltar a ficar mais ou menos sóbrio. Isso poderia demorar.

Pegou o elevador de volta ao térreo e saiu para a rua. Aqui não havia nenhum bar em que ele pudesse ficar durante uma ou duas horas. O que ele viu foi um quiosque onde, debaixo da marquise, havia alguns homens de pé gesticulando fortemente com as suas garrafas de cerveja.

Entrou novamente em seu carro e foi até o café de Janos. O que estaria fazendo Alex? Teria mantido o trato de não tomar nenhuma atitude por conta própria? Ligaria para ele à noite.

Duas horas depois, retornou ao apartamento. Ao tocar a campainha, não se passou nem um minuto até a porta ser aberta.

– O que é?

O inquilino estava de pé diante dele, de short curto e uma camiseta cinza, contrariado. Bauer observou-o atentamente, mas ou o homem continuava cansado demais ou não se lembrava dele. Em todo caso, nada indicava que ele o estivesse reconhecendo.

— Desculpe, estou aqui por causa dos novos termostatos de calefação que precisam ser instalados. Já estamos tentando entrar em contato com o proprietário do apartamento há algumas semanas, mas sem êxito. Infelizmente, ele não responde às nossas cartas. O senhor saberia me informar um número de telefone para contatá-lo?

— Não deve ser difícil, o nome dele certamente está na lista telefônica. Só sei que é advogado, um cara pequeno, gorducho e careca. Vi-o apenas em uma ocasião. Tem um Alfa preto, eu também queria comprar um desses uma vez. Só não consegui juntar o dinheiro ainda.

— Sabe o nome dele?

— Hum, deixe-me pensar... – Coçou a cabeça. – Não, não consigo me lembrar agora. Teria que dar uma olhada no contrato de aluguel, mas não faço idéia de onde esteja. Também não estou com a menor vontade de remexer esses troços todos agora.

— Posso entender. Vou procurar descobrir o nome de algum jeito. Mesmo assim, obrigado. – Bauer não queria insistir muito com o inquilino para que ele não terminasse desconfiando. Além disso, tinha certeza de saber quem era o proprietário.

Virou-se e correu escada abaixo antes que o outro acabasse se lembrando de alguma coisa. De volta ao carro, pegou o telefone. Com sorte, ela estaria em horário de almoço e não chamaria a atenção ao falar com ele ao telefone. Em geral, ela saía do prédio, de modo que provavelmente nenhum colega estaria com ela.

— Pois não?

— Doris, sou eu. Você está podendo falar?

— Sinto muito, não, é engano.

Contou com um retorno da ligação assim que ela voltasse a ficar sozinha. A última conversa com ela havia-o deixado mais seguro. Ela era a única entre os seus colegas com quem podia falar agora. Tinha um plano. Entretanto ouvir uma outra opinião não seria nada mal.

O celular tocou. Era uma voz feminina, mas por esta ele não esperava.

– Olá, Ricardo. – Fez-se uma pausa antes que ele conseguisse responder.

– Marion... Como você está?

– Vou indo, obrigada. E você?

– Difícil dizer em poucas palavras, ao telefone, mas estou progredindo. Quando você tiver um tempo, poderia lhe dizer mais. Talvez fosse bom eu poder te explicar o meu ponto de vista com mais calma.

– Ricardo, no momento não faz sentido. Também não posso falar muito agora, só quero te dizer que viajarei de férias com a Paula, uma colega de trabalho, por duas semanas. Preciso disso urgentemente, no trabalho também estava a maior correria, no momento não sei nem mais o que pensar. Simplesmente não estou conseguindo me distanciar disso tudo, estou sem tempo para refletir. Quando estiver fora, espero me sentir melhor. Só queria te informar.

– Como está o bebê?

– Fiz um exame ontem, está tudo bem. O médico apenas me aconselhou a descansar mais.

– Faça isso. Você me telefona quando voltar?

– Sim, telefono. Cuide-se.

– Marion, eu...

Ela já havia desligado.

Continuava perdido em seus pensamentos quando o telefone voltou a tocar.

– Ricardo, sinto muito, mas ainda há pouco estava reunida com uns colegas, não podia falar com você.

– Imaginei isso, Doris. Foi melhor assim. Está sozinha agora?

– Estou, mas com uma certa pressa, porque vou fazer um curso de dois dias fora e ainda preciso fazer a mala.

– Está bem, serei breve. Queria lhe dizer que avançamos um bocado. Talvez agora já fosse o momento certo para informar o seu conhecido do departamento de investigação criminal, mas eu não o conheço, e por isso queria falar com você para saber sua opinião.

– Fico contente por você, Ricardo. Assim que eu retornar, nós nos reunimos e falamos a respeito. Eu telefono depois de amanhã à noite.

— Está bem, vamos deixar combinado assim. Divirta-se no curso.

— Bom, não será lá essas coisas, mas vai ser bom sair daqui por dois dias. Até lá.

Bauer sentou-se num café na Leopoldstraße, onde vez por outra, antigamente, costumava encontrar-se com colegas após o expediente. Interessante. Então o advogado Haumer era o proprietário de dois apartamentos onde garotas se prostituíam... Difícil acreditar que ele coordenasse sozinho esse negócio. Certamente não teria os contatos necessários para isso, além de não combinar com o fato de ele conhecer Sergej, um típico executor para outras pessoas. Como advogado, era mais provável que fosse um laranja. Mas para quem? E quem era o colega que estava cooperando nesse negócio?

Sua vontade de passar mais dias observando era limitada, mas de que outro modo poderia descobrir quem estava por trás do advogado? Mas talvez ainda houvesse uma outra possibilidade.

Pagou o café e dirigiu até o prédio onde Sergej morara com a garota. A noite já caíra, os carros não paravam de entrar no estacionamento do prédio. Esperou em frente à porta até conseguir entrar no prédio com um inquilino. Um olhar à caixa de correio revelou-lhe que ela aparentemente estava em casa, porque já havia apanhando sua correspondência.

Ainda no carro estivera pensando numa maneira de iniciar uma conversa com ela. O risco era grande. Caso ela ainda tivesse contato com Sergej e lhe contasse da sua visita, então o homem saberia que ele o estava seguindo. Mas precisavam avançar no caso; além disso, ainda poderia levar semanas até o advogado voltar a se encontrar com as pessoas que eram importantes para eles. Precisava arriscar.

Ao chegar ao andar da garota, aproximou-se da porta e prestou atenção. Ouvia-se música eletrônica, ela parecia estar em casa.

Tocou a campainha... nenhuma reação... mais uma vez. A luz que podia ser vista através do olho mágico escureceu. Havia alguém atrás da porta.

— Caia fora, não quero mais nada com vocês. Diga a Sergej que quero finalmente ficar em paz!

– Olá, Sra. Brodwin, não sou nenhum amigo de Sergej. Será que a senhora poderia abrir a porta por um instante para que possamos conversar?

Novamente não se ouviu nada além da música que agora parecia um pouco mais alta. Pensou em ir embora, quando a porta se abriu um pouquinho.

– O que o senhor quer? É um tira?

Deixou a pergunta sem resposta. Não podia ver muito dela, a porta cobria-a quase por completo. Sem maquiagem, seu rosto apresentava marcas evidentes da vida noturna, era pálido e cortado por várias rugas na testa, os olhos pareciam opacos. Os cabelos, tingidos de louro-claro, caíam-lhe sobre o rosto, despenteados, ela provavelmente era mais jovem que os 40 anos que aparentava.

– Sra. Brodwin, sinto muito por incomodá-la, mas gostaria de lhe fazer algumas perguntas a respeito de Sergej Fredow, que morou com a senhora. Poderia entrar por um instante, para que não precisemos conversar no corredor?

Ela não fez menção de abrir mais a porta e deixá-lo entrar.

– Eu sei que ele morou comigo, tempo demais, mas isso acabou. Não sei se o senhor faz idéia do quanto estou feliz por ele não estar mais aqui. Mas agora também não quero ter mais nada a ver com isso. O senhor entende? Mais nada, simplesmente não estou mais a fim disso. Já tenho problemas bastante, não preciso disso ainda. O senhor tem um mandado?

– Não estou aqui para revistar seu apartamento, mas a senhora poderia me ajudar numa questão importante.

– E por que acha que eu devo fazer isso? Para voltar a ter problemas, com Sergej atrás de mim, de quem acabei de me livrar? Ninguém me ajuda quando estou com problemas, preciso fazer tudo sozinha. A vida é assim. Sinto muito, mas não posso ajudá-lo.

A porta bateu fortemente na frente dele.

Ele foi até a escada e ia começar a descer quando ouviu uma voz atrás de si.

– Senhor, volte aqui!

Ele se virou, agora ela abrira totalmente a porta e saíra para o corredor.

– Talvez possamos entrar em um acordo, entre.

A surpresa parecia estar estampada em sua cara, porque antes que pudesse reagir ela aproximou-se e puxou-o pelo braço.

– Ande logo, não é preciso que todos no prédio saibam.

Meio andando, meio sendo puxado, agora estava no apartamento, um quarto-e-sala bem-arrumado mas com mobília visivelmente barata. Pelo seu comportamento, ela continuava acreditando estar diante de um policial. Levou-o até a pequena sala que, além de um sofá de couro gasto e um armário embutido com televisão, mal comportava a mesa e as duas cadeiras. Sentaram-se ali. Ela apertou bem o roupão de seda em frente ao peito, pernas pálidas projetavam-se para fora por baixo dele.

– Talvez eu possa ajudá-lo. Vejamos o que vocês canas querem saber. Mas só faço isso sob duas condições. O que eu lhe disser fica absolutamente entre nós, e o senhor precisa me telefonar quando o tiverem prendido. Porque só então saberei que finalmente terei paz. Tudo bem?

– Podemos combinar isso sem problemas, mas eu também preciso ter a mesma certeza de que a senhora não contará nada a ele sobre a nossa conversa.

– O senhor deve estar brincando. Acha que sou maluca? Claro que Sergej não saberá de nada, ou então eu mesma posso me dar um tiro. O que o senhor quer saber?

Bauer pensou sobre o que poderia dizer sem correr riscos. Não queria confiar na promessa dela.

– O que sabe sobre Sergej? O que ele faz da vida?

– O que ele faz agora não sei, mas sei o que ele fazia antes. Vivia de minha grana. Eu, idiota, virava todas as noites, dançava nesse bar até minhas pernas ficarem pesadas como chumbo, permitia que me olhassem entre as pernas, e ele dava uma bela dormida antes de sair para encher a cara. – Seu rosto repentinamente ficou vermelho, e ela olhou furiosa para Bauer. – Não, espere, quase fui injusta com ele, ele também freqüentava uma dessas academias de ginástica. Afinal, precisava verificar como andava a nova geração de garotas, costumava chamar isso de *lady-check*, verificação de qualidade.

Bauer não conteve um sorriso ao perceber como ela despertara completamente em poucos minutos.

— Certo, então ele vivia do seu dinheiro. A senhora sabe com quem mais ele ficava? Quer dizer, se andava com uns caras por aí?

— Sergej não me contava muita coisa. Ocasionalmente trazia uns caras russos para o apartamento, mas não sei seus nomes. Dentro do possível, eu sempre procurava cair fora, os amigos dele não eram bem a minha praia. Às vezes eu estava por perto quando ele conversava com um tal de "Rado" ao telefone. Eles conversavam em russo.

— A senhora viu esse Rado alguma vez?

— Não. Como lhe disse, o pessoal dele não me interessava. Por mim, não teria visto nenhum deles. Agora que estamos falando dele, me lembrei que certa vez eles parecem ter tido um grande aborrecimento, porque Sergej ficou uma fera depois da conversa e logo saiu de carro para resolver alguma coisa. Ele disse a Rado pelo telefone que outra pessoa poderia fazer um certo serviço, mas pelo jeito Rado insistiu em que Sergej o assumisse.

— A senhora faz idéia do que possa ter sido, esse serviço?

— Não. Sergej jamais teria contado a mim uma coisa dessas, e eu também não queria saber. O que poderia ser? Certamente nada de muito bom, senão algum dia ele teria que ter tido dinheiro. Mas ele estava sempre liso.

— A senhora ainda se lembra quando foi isso?

— Foi um pouco antes de ele mudar-se daqui. Deve ter acontecido alguma coisa, porque ele desapareceu praticamente da noite para o dia.

— Por acaso não se lembra do dia?

— Como, por acaso? Marquei esse dia em vermelho, desde então é o meu feriado pessoal. Foi no dia 1º de novembro.

Bauer precisou refletir apenas por um instante, e então tudo ficou claro para ele.

— A senhora tem certeza absoluta em relação à data?

— Como já lhe disse, gravei muito bem a data. Se o senhor tivesse morado com esse louco, não se esqueceria nunca do dia em que ele foi embora, pode ter certeza.

Bauer olhou para o armário embutido, onde havia um pacote de cigarros ao lado de um cinzeiro.

— A senhora pode me dizer por que não o largou mais cedo?

Ela inclinou a cabeça, os olhos ficaram apertados.

— Por que não larguei o Sergej? Boa pergunta. O senhor não parece ter muita noção. Não o larguei porque Sergej não é uma pessoa que simplesmente se larga assim. Ele é do tipo que decide por conta própria quando acabou e depois vai embora. É assim que funciona. Porque ninguém suportaria por muito tempo o estresse que ele é capaz de causar.

— Quanto a esse Rado, do qual acabou de falar, a senhora sabe de mais alguma coisa?

— Não muito. Ele é russo também, parece bem mais velho que Sergej e deve ser uma referência no submundo, senão o meu sanguessuga não permitiria que ele ficasse lhe dando ordens. Bom, mas agora é a minha vez. O que o senhor quer dele?

— Infelizmente, ainda não posso lhe dizer muita coisa, porque estamos só começando. Mas houve um incidente em que uma jovem morreu, e talvez esse tenha sido o serviço que ele combinou com Rado ao telefone. A data bate.

Ela olhou para ele com ar interrogativo.

— O senhor acha que Rado mandou assassinar uma garota?

— Não sei, mas é possível.

— Não duvido nada, ele era bastante submisso a esse tal de Rado. Quando ele telefonava, ficava ali parado como se tivesse sido atingido por um raio. Ficava totalmente absorto.

Bauer queria ir embora, não podia revelar mais nada, já era muito mesmo, talvez até demais, o que ela ficara sabendo.

— Preciso ir agora. Obrigado por ter me contado tudo isso.

— Não se esqueça do que me prometeu. Quando ele for preso, eu quero saber. Aqui está o meu telefone. — Entregou-lhe um bilhete com o número do seu celular.

— Farei isso, como prometido.

No corredor do prédio estavam faltando ainda mais luzes do que em sua última visita, ao menos lhe parecia estar ainda mais sombrio. Ela o surpreendera, agora ele sabia ao menos o primeiro nome da pessoa para quem Sergej aparentemente trabalhava. Entre os russos do submundo certamente havia alguns "Rado", mas talvez Alex também pudesse ajudar.

De volta ao carro, seus pensamentos levaram-no para o dia seguinte. Decidiu telefonar para Port e novamente observar o advogado com ele.

– Sim, Bauer, eu já estava aguardando a sua ligação. Como andam as coisas?

– Tenho algumas novidades, lhe contarei amanhã. Devíamos nos concentrar no advogado.

– Se pensa assim, tudo bem, então amanhã, no mesmo local do nosso último encontro, às sete.

Olhou para o relógio. Oito horas. Fazia tempo que não ia ao cinema, isso mesmo, sentiu vontade agora. Simplesmente relaxar a cabeça, desligar-se. No ponto de ônibus mais próximo, pegou um jornal da caixa.* Comédias americanas, ficção científica, Marion ficaria entusiasmada com os filmes que estavam passando no momento, mas nada disso o agradava. Não encontrou qualquer coisa que lhe interessasse, deixou a idéia de lado e foi para casa.

Ao entrar em sua rua, a tensão aumentou. Os ladrões teriam voltado novamente? Teriam encontrado o que estavam procurando?

O elevador levou-o da garagem subterrânea para cima; como sempre, nos últimos dias, seu primeiro olhar foi para a porta do apartamento. Exceto os arranhões na pintura que o assalto deixara, estava intacta. Adormeceu rapidamente, mas apenas por quatro horas, e despertou de novo. Ele suava, os pensamentos giravam em torno do dia seguinte, de Marion, dos ladrões, experimentou fragmentos de exercícios de relaxamento que ele aprendera com o passar dos anos com Marion. Não havia jeito, levantou-se.

---

* Na Alemanha, os jornais também são vendidos em pequenas caixas afixadas a postes, nas quais se deposita o dinheiro e se retira o jornal. (*N. da T.*)

Da televisão, ressoou a voz lasciva de uma quarentona corpulenta que parecia sentir-se irresistível em seu espartilho de couro apertado, ao menos para as mentes inquietas desse horário. "Liguenos, você está precisando!" Ele não obedeceu, passou por vários canais, parou na reprise de um jogo de futebol que não lhe interessava, desligou novamente e voltou para a cama.

Capítulo 22

O café abria às 6h, nunca estivera lá tão cedo. Durante duas horas, leu jornais, Port trouxe a sua máquina fotográfica e mostrou-lhe as fotos digitais que batera das pessoas que haviam entrado no prédio do advogado.

– Hoje pela manhã voltei a olhá-las com calma. Não acredito que alguma dessas pessoas nos interesse. Mas veja o senhor mesmo.

Bauer olhou as fotos que Port espalhara sobre a mesa. Não havia pessoas que parecessem ser do submundo. Mulheres com crianças, homens com suas pastas de trabalho, possivelmente moravam no prédio.

– Não, não tem nada aí para nós. Ao que parece, precisaremos de um pouco mais de paciência. Mas ontem descobri que esse Haumer é proprietário do apartamento em que ele visitou aquela prostituta e também do apartamento onde a nossa batida policial foi revelada naquela ocasião.

– Tem certeza?

– A informação sobre o apartamento em frente ao qual o vimos parece ser confiável, eu a obtive de uma funcionária da administradora do prédio. Em relação ao outro apartamento, falei com o inquilino. É um cara bem acabado, mas não me reconheceu, de modo que acredito, sim, que ele não tenha mentido para mim. Ele não chegou a citar o nome do proprietário, mas disse que era um advogado, e a descrição corresponde exatamente ao nosso.

– Muito interessante.

– Bem, talvez não nos ajude muito por enquanto, precisamos das pessoas que estão por trás disso tudo, e naturalmente do meu colega que está envolvido nessa história.

Port bebeu um gole do café.

– Claro, ainda nos falta a relação entre eles, mas mesmo assim é mais uma dica que pode nos ajudar.

Bauer olhou para o relógio, precisavam ir.

– Vamos nos posicionar como da última vez, Port, aquilo funcionou bem.

Todas as vagas da rua estavam ocupadas, conseguiu enfiar o seu Golf com dificuldade em uma vaga apertada. Port teve o mesmo problema, não achou vaga no lugar em que deveria ficar, em frente ao prédio, e foi obrigado a estacionar o carro tão longe da entrada do escritório de advocacia que por pouco conseguiria ver pessoas entrando e saindo do prédio, mas, para reconhecê-las, precisaria dos seus binóculos. Era um dia turvo e cinzento. Uma leve nevada havia coberto as ruas pela manhã, mas a neve já havia derretido novamente.

A manhã passou sem que nada acontecesse. Talvez o advogado tivesse uma reunião fora hoje e não viesse ao escritório. Já passara do meio-dia quando Haumer finalmente apareceu com o seu Alfa e novamente estacionou no pátio antes de entrar no prédio. Haviam telefonado para o escritório antes para perguntar, sob algum pretexto, se ele viria ao trabalho, mas apenas uma secretária eletrônica respondera. Aparentemente, ele não tinha secretária.

Deviam ser justificados os boatos que circulavam sobre o tipo particular de consultoria pelo qual ele era apreciado pelos seus clientes, e certamente muito bem pago. Cúmplices representariam um grande perigo aqui e certamente também não seriam vistos com bons olhos pelos clientes.

A tarde passou. Além de uma moto pesada que também passou várias vezes por eles com duas pessoas trajando couro escuro, nada aconteceu.

– O senhor viu esses caras da moto, já passaram umas cinco vezes por nós – Bauer ouviu Port dizer no rádio-amador.

– Sim, eu os vi, agora estão parados a alguns metros atrás de mim em uma vaga, fumando cigarros.

– Estranho, com este tempo. Consegue perceber alguma coisa?

– Não, estão muito distantes de mim, além do mais tem um caminhão de entrega no meio. Apenas vi rapidamente a moto, é uma Kawasaki vermelha. Os dois desceram dela e estão parados ao lado. O carona é muito baixinho, acho que não passa do meu queixo. O outro eu só vi de passagem, parecia ser bem forte. Parece que estão esperando por alguma coisa.

– Atenção, o carona está passando por mim agora em direção ao prédio. Consegue vê-lo, Port?

– Sim, estou vendo, agora está em frente à entrada e tocando o interfone de alguém, não consigo identificar de quem. Aparentemente ninguém está abrindo, está tocando sem parar.

– Será que ele está tocando no número do advogado?

– É possível, mas estou longe demais. Pela altura do botão, pode ser. Agora parece ter desistido, está voltando em sua direção, Bauer.

– Estou vendo, está voltando para a moto.

– Penso que devemos tornar a nos concentrar no nosso advogado. Tomara que ele não resolva fazer hora extra hoje. Quando escurecer, terei dificuldade em vê-lo quando ele sair do prédio.

O trânsito estava ficando cada vez mais intenso, cada vez mais moradores voltavam para casa. Não demoraria muito até escurecer. Bauer olhou pelo retrovisor. Um dos motoqueiros continuava de pé ao lado da moto, estava de costas para ele. Segurava o seu capacete debaixo do braço. Pelos seus gestos, parecia estar conversando com o acompanhante, que estava encoberto pelo caminhão de entrega.

– Acho que vai começar. Acabou de sair alguém do prédio, não consegui ver direito, mas pela estatura pode ser o nosso advogado.

Bauer voltou o seu olhar para frente, mas a sua visão estava encoberta por uma Kombi azul. Foi obrigado a esperar notícias de Port. Ao ligar o motor, ouviu, ao mesmo tempo, um outro motor acelerar não muito atrás dele.

– Está andando na rua em direção à entrada do pátio. Acho que é ele – informou o detetive. A moto passou por ele como um relâmpago, o carona estava segurando algo preto, parecia uma pequena bolsa. Agora Bauer conseguiu ver o advogado, andava em sua direção, a moto quase o alcançara. O motociclista freou bruscamente, a moto quase parou, o carona ergueu o objeto à altura dos olhos.

Não havia mais bolsa. Bauer pôde ver claramente o revólver na mão do carona, vários tiros pipocaram da arma. O advogado gritou, foi jogado para trás, contra o muro do prédio, tentou apoiar-se, escorregou para baixo. Bauer perdeu-o de vista, os carros estacionados tiravam-lhe a visão.

– Port, cuide do advogado, tentarei seguir a moto – gritou no rádio.

A moto já voltara a acelerar, mas o trânsito a impedia de avançar rapidamente. A rua era estreita, estreita demais para ultrapassar, um carro atrás do outro vinha em sua direção. Havia vários veículos entre Bauer e a moto, alcançaram um cruzamento, o sinal estava fechado. De repente, a moto deu uma guinada à esquerda, ultrapassou os veículos parados e entrou na rua transversal, apesar do sinal fechado. Bauer não tinha a menor chance, era incogitável ultrapassar. Finalmente o sinal abriu, lentamente a fila de carros começou a andar. Quando alcançou o cruzamento, não se via mais nada da moto. Ele dobrou à direita, por sorte a maioria seguiu em frente, permitindo-lhe acelerar rapidamente. Não havia percorrido nem cem metros quando voltou a vê-los, eram os primeiros aguardando no sinal seguinte.

Desta vez não podiam seguir adiante, havia um carro da polícia do outro lado da rua. Bauer queria informar a central de operações, mas não conseguia encontrar o celular, que, durante a perseguição, escorregara de alguma forma entre os assentos dianteiros. O sinal abriu, e a moto novamente acelerou ao máximo. Ainda conseguia ver a lanterna traseira, no próximo sinal viraram novamente a esquina, desta vez à esquerda. Ele os seguiu, se bem que ainda com grande distância, os outros à sua frente estavam lentos demais. A bifurcação levava a uma rua residencial mais tranqüila, à esquerda e à direita da rua havia casas geminadas com pequenos jardins em frente. Mal completara uma curva suave, precisou frear fortemente. À sua frente havia vários carros atravessados na pista. As portas estavam abertas, havia pedestres na calçada e na pista.

Ele parou o carro e saltou. Várias vozes gritavam quase ao mesmo tempo: "Chamem uma ambulância!" "Atenção, cuidado ao puxá-lo para fora." "Já informei à polícia." A música dos rádios dos carros parados em volta compunha um bizarro cenário sonoro. Bauer saiu do carro, alguns pedestres encobriam-lhe a visão, ele os empurrou para os lados e então viu o que acontecera. Um Renault velho estava atravessado na pista, aparentemente viera da rua transversal que desembocava ali. A porta do motorista estava muito amassada, a motorista, uma mulher de meia-idade, apoiava-se, pálida, no pára-lama de seu carro, uma outra estava ao seu lado, abraçando-a. Havia estilhaços de vidro do farol da moto espalhados pela pista. A moto entrara debaixo do carro, o garfo dianteiro estava torto como um esquadro, o motociclista estava preso entre a moto e o carro, imóvel. Várias pessoas ajoelhavam-se ao seu lado.

Já haviam lhe tirado o capacete. Era o homem que dirigira a moto, Bauer o reconheceu pela sua estatura atarracada. Do carona não havia sinal algum.

– Cuidado, sejam cautelosos, ele pode estar armado! – gritou para a multidão. As pessoas à sua volta olharam para ele com ar interrogativo.

– De onde o senhor tirou isso? – perguntou um jovem que tentava tirar a moto de debaixo do carro.

– Ele e o seu motorista acabaram de matar um homem a tiros a algumas ruas daqui.

Onde há pouco ainda trabalhavam mãos zelosas instalou-se imediatamente o silêncio. Agora todos os olhares voltaram-se para ele. O homem que segurava a cabeça do motorista fitou-o com ar de dúvida.

– O que está dizendo? Este daqui matou um homem?

– Não, não foi ele, foi o carona. Alguém o viu?

Um homem de meia-idade, visivelmente abalado com o que acabara de ver, respondeu:

– Quando a moto entrou debaixo do carro, ele conseguiu saltar a tempo e saiu em disparada naquela direção. – Ele apontou a mão na direção da rua. – Depois, ali na frente, ele correu para dentro desse parque logo depois das casas geminadas. Ele jogou o capacete dentro dos arbustos em algum lugar ali na frente.

– O senhor percebeu se estava ferido ou ele correu normalmente?

– Não, não acredito que estivesse lhe faltando alguma coisa, ele foi muito rápido. Eu inclusive estranhei que ele não tivesse ajudado o motociclista.

Bauer afastou-se um pouco e tirou o celular do casaco.

– Olá, Doris, sou eu, Ricardo.

– Você pode me ligar à noite, não estou podendo falar agora.

– Sinto muito, mas seria muito importante poder falar com você rapidamente, apenas por alguns minutos.

– Está bem, sairei da sala, estou no meio de uma reunião.

Seguiu-se um breve intervalo, e então ela retornou a ligação. Bauer contou-lhe o que acontecera.

– Penso que devemos chamar, sem falta, o pessoal do DIC, senão isso acaba tomando o rumo errado – respondeu Doris, sua voz soava preocupada.

– Também acho, você pode entrar em contato com o seu conhecido que está cuidando do caso. O melhor seria ele me ligar de volta no meu celular, então poderemos marcar um encontro.

– Está bem, farei isso. Eu ligo assim que tiver conseguido falar com ele, e irei também ao encontro.

– Ficarei aqui até a viatura chegar e providenciarei tudo para que o motociclista seja vigiado no hospital. Estarei aguardando sua ligação.

A ambulância e a patrulha chegaram com apenas alguns minutos de diferença. Bauer decidiu dar-lhes um tempo para se familiarizarem com a situação, antes de falar com eles. Os médicos imediatamente atenderam o ferido, que os pedestres já haviam tirado de debaixo do carro, e puseram-no numa maca. Os dois jovens policiais haviam saído do carro e faziam perguntas aos pedestres. Bauer viu uma das testemunhas apontando em sua direção. Imediatamente um dos policiais aproximou-se dele.

– Bom dia, o senhor poderia me mostrar sua identidade, por favor?

Bauer entregou a carteira de identidade ao fardado. Pela idade, ele poderia ser seu filho.

– O senhor teria afirmado que o carona da moto atirou em um homem, isso é verdade?

– É, sim, há talvez meia hora, a mais ou menos dois quilômetros daqui. Eu vi e segui a moto até aqui. – Para Bauer, não fazia sentido relatar-lhe os antecedentes agora, no momento interessava apenas dar início a uma busca pelo carona e assegurar que o motociclista fosse vigiado.

– O senhor já informou a polícia a respeito?

– Não, ainda não tive possibilidade, mas uma pessoa permaneceu no local do crime, provavelmente ela telefonou.

Bauer notou que o policial ficou nervoso, ele tirou o chapéu da cabeça e passou as costas da mão na testa. Pelo visto, ele contara com um simples acidente de trânsito, e de repente via-se diante de um crime.

– O senhor pode descrever o carona da moto que fugiu?

– Infelizmente não o vi por muito tempo, mas era muito baixo, talvez 1,60 m, e estava usando uma roupa de motoqueiro de couro preto.

– Em que direção ele fugiu?

– Eu não vi, mas um pedestre disse ainda agora que ele teria corrido para dentro do parque ao final das casas geminadas.

– Está bem, fique aqui, por favor. Vou até a viatura por um instante. Precisamos mandar vigiar o motorista e iniciar uma busca.

O policial sentou-se em sua viatura e Bauer o viu falando no aparelho de rádio, nervoso. O motociclista já estava sendo atendido dentro da ambulância.

O celular tocou.

– Alô, Ricardo, falei com os colegas. Eles querem nos encontrar em frente ao escritório do advogado. É melhor você ir para lá logo, nós nos apressaremos. A delegacia de homicídios foi informada, devem estar no local do crime.

– Obrigado, irei para lá agora mesmo.

Um dos policiais anotava os dados pessoais de testemunhas, o outro continuava sentado no carro falando com a central de operações. Bauer aproveitou a oportunidade e deu partida ao motor do seu carro. O policial na viatura pareceu ter ouvido; surpreso, virou a cabeça na direção do carro de Bauer que estava a alguns metros atrás dele. Mas este não tinha mais tempo para outra conversa naquele momento, isso poderia ser feito mais tarde. Agora ele queria retornar para o escritório do advogado.

Em frente ao prédio havia um exército inteiro de carros de polícia, uniformizados e à paisana, policiais agitados corriam para todos os lados, ouviam-se mensagens por rádio.

Um rabecão preto acabara de chegar. O corpo do advogado continuava no local onde fora assassinado, uma poça de sangue formara-se debaixo dele. À beira da cena, entre duas viaturas paradas na calçada, viu Port conversando com um policial. O detetive olhou em sua direção e acenou para ele; no mesmo momento Doris aproximou-se dele com os policiais do DIC.

– Olá, Ricardo, mas isto aqui está uma loucura.

Bauer estendeu-lhe a mão e cumprimentou também os dois policiais do DIC que tinham vindo com ela. Não os conhecia, um tinha a sua idade e parecia ser uma pessoa aberta e gentil; o segundo, bem mais jovem, olhava-o desconfiado, parecia inseguro.

– Deixe-me apresentá-los, este é Reiner Goll, que está trabalhando no seu caso, e Markus Hübner, seu colega.

Goll imediatamente tomou a iniciativa.

– Primeiramente, devemos encontrar um lugar onde possamos conversar com tranqüilidade. Irei verificar se há uma sala livre para nós no escritório. – Dirigiu-se rapidamente ao chefe da delegacia de homicídios, que estava a poucos metros dele, e que respondeu à sua pergunta com um aceno de cabeça. – Podemos ir ao escritório da vítima.

Os quatro subiram. Na escada, encontrou colegas dos quais alguns ele conhecia de operações conjuntas. O escritório, com apenas duas salas, uma pequena cozinha e um lavabo, demonstrou que o advogado não fazia questão de clientes muito importantes. Em volta de uma mesa de vidro suja na pequena sala de reuniões havia quatro cadeiras com assentos de couro que já apresentavam rachaduras em diversos lugares. Um carpete amarelado comprovava o excessivo consumo de cigarros pelo advogado e seus hóspedes. A có-pia de um quadro moderno estava pendurada como uma folha de figueira perdida no meio da parede. A outra sala servia de escritó-rio, com pilhas de pastas verdes no chão e na escrivaninha. Nas prateleiras, que tomavam três paredes da sala, estavam as edições encadernadas das leis por cujo não-cumprimento o proprietário do escritório aparentemente recebia os seus honorários.

O policial apresentado por Doris como Reiner Goll sentou-se à sua frente, inclinou-se levemente sobre o tampo da mesa e o encarou.

— No caminho para cá, Doris me passou algumas informações. O senhor sabe que eu o continuo investigando como principal suspeito nesse caso de corrupção, mesmo que agora possivelmente haja novos fatos. Portanto, a decisão do que o senhor quiser me contar é sua, apenas preciso que saiba, mas isso o senhor deve saber com certeza, que eventualmente também estará comprometendo a si mesmo com isso.

Bauer não tinha mais paciência. De que adiantaria continuar se esquivando? Ele relatou o que descobrira desde a sua suspensão, que agora fazia seis semanas.

— O senhor faz idéia de quem poderia estar por trás desse homicídio encomendado?

Bauer recordou-se da conversa com a namorada de Fredow.

— A namorada desse Fredow, que havia dirigido o Mercedes dela, dizia ter trabalhado para um tal de "Rado". Era tudo o que ela sabia.

— Goll, posso falar-lhe um instante?

Um policial da delegacia de homicídios que examinava os documentos do escritório havia entrado na sala. Goll saiu um pouco.

— Estou realmente curiosa para saber como isto aqui vai se desenrolar.

Bauer achou Doris nervosa, parecia não ter certeza de como o chefe, Frank Tomer, reagiria. Seria difícil continuar mantendo em segredo o seu apoio a Bauer nas últimas semanas.

Goll retornou.

— Talvez tenhamos sorte. Encontraram um celular com o motorista, com alguns números de telefone na memória. Um pouco

antes do assassinato ele ainda fizera uma ligação. Estamos verifican-
do para quem. Aliás, identificaram o homem, ele tinha uma cartei-
ra de habilitação em nome de Sergej Fredow. Não foi esse o nome
que o senhor citou ainda há pouco, colega Bauer?

— Isso, é o ex-namorado dessa dançarina de strip-tease.

— O azar é que provavelmente não saberemos mais nada por ele.
Está em coma e, pelo que o médico disse, dificilmente sobreviverá
a esta noite.

— Bauer, espero que não me leve a mal, mas em tese o senhor
naturalmente também poderia ter sido o mandante do assassinato,
porque alguma coisa correu mal.

Goll enunciara o que lhe passara pela cabeça naquele mesmo
instante. Era evidente que, teoricamente, poderiam continuar
considerando-o o policial corrupto, o assassinato não comprova-
va de maneira alguma a sua inocência, se bem que havia alguns
pontos a seu favor, mas estes também podiam ser interpretados
de outra forma.

— O que continua nos faltando é o nome do policial que age em
conjunto com essas pessoas, se não for o senhor. Pode me dizer al-
guma coisa em relação a isso?

— Pode ter certeza de que essa é a pergunta que não me sai da
cabeça há semanas, mas continuo sabendo tão pouco quanto an-
tes. Já lhe disse como ficamos sabendo desse advogado Haumer, que
ele era proprietário de diversos bordéis, entre os quais os bordéis
onde realizamos as batidas policiais. E provavelmente ele traba-
lhava com esse Rado, para quem o Fredow também trabalhou. O
detetive e eu vimos os dois brigando na rua. Provavelmente o po-
licial de que se trata aqui trabalhou com Rado, mas talvez também
apenas com Fredow.

— Só espero que avancemos rapidamente no caso. Só de pensar
como o procurador-geral irá reagir quando souber do assassinato de
hoje, sinceramente, não me arrisco a fazer apostas. Vou lhe dizer a
verdade. Ele não gosta do senhor, não me pergunte por quê. Mas
ele está absolutamente convicto de que foi o senhor que se deixou
corromper.

— Eu sei. Afinal, estive com ele.

Doris havia saído da sala para conversar com os outros policiais. Agitada, retornou à sala de reuniões.

– Identificaram o endereço do telefone para onde o motoqueiro ligou antes do assassinato. Fica a mais ou menos uma hora daqui.

Goll olhou para Bauer com um olhar compreensivo.

– Imagino que queira ir junto...

– Claro, agora que já chegamos até aqui, naturalmente quero acompanhá-los.

– Na realidade, eu não poderia deixá-lo ir conosco, mas talvez encontremos documentos com os quais o senhor poderia nos ajudar. Vamos embora.

Dois investigadores de homicídios os acompanharam, foram em dois carros até a casa de Radoslaw Kurjek, o proprietário do número telefônico para onde Sergej Fredow fizera a última ligação. A viagem levou-os para fora da cidade, Goll foi com os policiais de homicídios, Doris estava no carro com Bauer. Assim como em toda a cidade, a essa hora o trânsito estava insuportável, uma fila de carros arrastava-se para fora da cidade como uma minhoca. Bauer teve a impressão de levar uma eternidade até finalmente chegarem ao terreno.

O portão de entrada da propriedade estava aberto, aproximaram-se da casa situada no extenso parque. A porta estava trancada, ninguém respondera à campainha. Goll olhou para ele com ar de dúvida enquanto os dois investigadores de homicídios e Doris circundaram a casa em busca de outra entrada. Começara a anoitecer, de longe ouviam o trânsito da estrada por onde haviam vindo. Goll pegou uma caixa de ferramentas na viatura e começou a mexer na porta com diversas chaves de fenda e arames.

– Um resquício dos meus tempos na patrulha. Naquela época fiz um curso, e agora isso se transformou numa espécie de hobby para mim.

Após alguns minutos, a porta se abriu. Havia sido fechada mas não trancada. Como Bauer estava desarmado, ficou parado na entrada. Goll chamou os outros policiais, que invadiram a casa com as armas em punho e se distribuíram nos dois andares.

– Não tem ninguém em cima – exclamou um policial.

Após alguns minutos, veio a mesma notícia do térreo. Bauer entrou. Em toda parte viu móveis maciços e volumosos; carpetes vermelhos escuros com adornos dourados e pesadas cortinas de veludo conferiam à casa um caráter opressivo. Os policiais já haviam começado a revistar a sala, um ambiente grande em cujo centro um grande lustre de cristal chamava a atenção. Encontraram um cartão de visita na mesa. "Viagens Göttler, Munique". Goll pegou o cartão e voltou-se para o investigador de homicídios ao seu lado.

– Duas pessoas deveriam ir até esta agência de turismo, talvez o nosso homem tenha saído do país.

– Isso é algo para Doris, ela pode levar Bauer. – Goll estava indeciso, pensativo, olhou para Doris, ela acenou a cabeça, encorajando-o.

– Está bem, vão vocês dois.

Bauer teria preferido permanecer na casa e ajudado na revista, ali via mais chances de encontrar indícios sobre o colega que procurava. Não considerava a ida à agência de turismo muito promissora, mesmo que descobrissem para onde o proprietário da casa havia viajado. Isso não lhe interessava muito naquele momento. Mas decidiu ir junto para não aborrecer o investigador; além disso, percebeu que Doris queria tê-lo consigo.

– Agora resta torcer para que encontrem indícios no escritório ou na casa que nos ajudem – disse Doris, interrompendo o silêncio depois de dirigirem calados durante quinze minutos. A tensão dos dois era nítida.

– É a única chance que temos, não vejo grandes vantagens na nossa visita à agência de turismo – respondeu Bauer.

A loja ficava em uma pequena galeria, três funcionárias estavam atendendo aos clientes. Doris foi até a mais velha delas, uma mulher em torno dos cinqüenta, e mostrou-lhe sua carteira de policial.

– Desculpe, por favor, mas é urgente, posso lhe falar um instante?

Surpresa, a mulher olhou para ela, mas, depois de ver a carteira, imediatamente levantou-se e pediu licença ao cliente sentado à sua mesa. Foram até uma sala na parte de trás da loja.

– Do que se trata, por favor?

— A senhora poderia verificar se tem um cliente chamado Radoslaw Kurjek?

A funcionária balançou a cabeça.

— Nunca ouvi esse nome, mas posso dar uma olhada no computador, talvez esteja lá.

Sentou-se em frente a um monitor e digitou o nome. Logo depois obteve o resultado.

— Não, sinto muito, ele não consta da nossa contabilidade, e eu o encontraria ali se já tivéssemos enviado uma fatura para ele alguma vez.

Doris olhou para Bauer, que não parecia surpreso.

— A senhora poderia perguntar às outras duas funcionárias se alguma delas conhece este nome? — perguntou Doris, e sua voz revelou claramente que ela não via muitas chances de descobrirem alguma coisa por ali.

— Posso fazer isso, sim, a senhora. Kohler é casada com um russo, talvez ele tenha feito a reserva com ela e outra pessoa tenha pagado.

A funcionária retornou com eles para a parte da frente da loja e foi até a senhora Kohler, cuja cliente acabara de levantar e sair.

— Angela, você conhece um cliente chamado Radoslaw Kurjek?

— Conheço, sim, ele sempre fez as reservas comigo.

Bauer e Doris se entreolharam.

— Então por que o nome dele não está no sistema?

— Porque quem pagou as contas sempre foi uma empresa chamada Tropa, até onde me lembro.

— Quando esteve aqui pela última vez?

— Hoje na hora do almoço ele reservou uma passagem para São Petersburgo. Ele sempre voou para lá quando esteve comigo.

— E quando partiu o seu vôo?

— Se não me engano, hoje à tarde, acho que em torno das duas horas. Se quiser saber a hora exata, posso verificar rapidamente.

Bauer olhou para o relógio. Eram cinco e pouco, portanto o vôo já havia saído.

— A senhora sabe dizer se ele foi sozinho?

— Não, ele nunca viajou sozinho. Desta vez, comprou três bilhetes. Espere um instante e lhe direi os nomes. — Ela retornou para a sua mesa e olhou no computador. – Além da sua passagem, ele fez reserva para mais dois homens. Veja, são estes os nomes. Um deles ainda me ligou hoje perguntando se existe vôo direto de São Petersburgo para Viena. Eu lhe disse que a Aeroflot tem dois vôos diários para lá. Mas ele acabou não comprando a passagem, pretendia fazê-lo apenas em São Petersburgo.

A mulher virou o monitor na direção de Bauer, que estava ao seu lado. Primeiramente leu o nome Sergej Fredow. Nesse ínterim, Doris havia se aproximado dele e viu o texto juntamente com ele. Leram o terceiro nome ao mesmo tempo. Por um instante, os olhos permaneceram fixos ali, e os seus olhares se encontraram. Nenhum dos dois conseguiu reagir naquele momento. Doris olhou novamente para o monitor.

– Não posso acreditar. Não é possível. Justo ele!

Ela olhou para Bauer, este se sentou na única cadeira que havia na pequena sala. Lembrou-se da cena no escritório, quando ele ficara de pé diante dele, furioso, da última conversa que tiveram na presença do procurador-geral, do olhar cheio de desprezo com que o mandara para fora da sala. Não, Frank era o último em quem ele teria pensado. Ele jogara o seu jogo com perfeição.

A funcionária olhou para os dois sem entender, mas eles não lhe deram atenção.

– Pensando bem... na realidade não sabíamos nada de Frank, o conhecíamos apenas como chefe.

– O que quer dizer com isso? – perguntou Bauer, cujos pensamentos ainda estavam na sua última conversa com Tomer.

– Quero dizer que nenhum de nós sabe o que ele fazia em sua vida privada, por exemplo. Sempre fora correto, empenhado, sempre cem por cento, como se espera de um chefe. Mas como isso tudo pôde ter sido apenas fachada, não compreendo. Por que ele fez isso?

– Sinto muito, Doris, mas no momento não me importa nem um pouco, estou mais preocupado em regularizar minha situação de novo. Isso é mais importante para mim agora.

Bauer levantou-se e saiu do escritório. Queria ficar sozinho naquele momento. Parecia ter chegado a hora de voltar a pensar no futuro. O celular dela estava desligado. Ele voltaria a tentar mais tarde.

Capítulo 23

O toque estridente arrancou-o do sono; confuso, olhou para o despertador ao lado da sua cama. Seis horas. O corpo estava dolorido, a testa pressionava sobre os olhos como uma placa de ferro pesada, mal conseguia mantê-los abertos. A risada de Rado ainda ecoava em sua cabeça, essa risada profunda e feia, animada pela vodca. Haviam se reunido por horas, os amigos de Rado e ele, que não fazia parte, no meio de todos, como um corpo estranho. Queria ter voltado ao hotel há mais tempo, mas eles não deixaram.

A mesa no espaço reservado do bar em algum lugar da periferia de São Petersburgo estivera cheia de garrafas de vodca vazias, um balde de gelo virado e espalhado por cima da mesa, ele não entendera nada, haviam conversado apenas em russo e cantado as suas músicas. Finalmente levaram-no a um pequeno hotel bastante degradado, e, passando pelas prostitutas na entrada, até o seu quarto, onde ele imediatamente adormecera.

Mais uma hora, e então o buscariam e o levariam até o aeroporto. Os seus pensamentos vagaram até ela, até Eva, agora chegara o momento para o qual ele se preparara por tanto tempo. Sairiam de Viena ainda hoje, ninguém os encontraria mais. Com o novo passaporte que Rado lhe prometera, estaria seguro. Arrastou-se até o chuveiro, de onde saiu uma água marrom. Não lhe importava, desde que fosse fria.

Lentamente vestiu-se, mais uma vez retirou sua foto da carteira. Ela lhe dera de presente em sua última visita. "Para que você não me esqueça" estava escrito no verso. Ela estava sentada de lingerie azul sobre um cobertor, sorrindo para ele.

Uma forte batida à porta arrancou-o de seus pensamentos.

– Desça, estamos indo agora.

Reconheceu a voz de Sascha, um dos ajudantes de Rado, o único que falava alemão. Rapidamente pegou sua mala, jogou o casaco sobre os ombros e desceu as escadas para a saída.

Sascha o aguardava na porta, impaciente, e fez sinal para que se apressasse. Um Lada estava parado diretamente em frente ao hotel com o motor ligado, ao volante estava um russo que ele não vira na comemoração da noite anterior. O motorista sequer olhou para ele.

– Entre atrás – ordenou Sascha, sentando-se ao lado do motorista. Passaram por várias ruas pequenas, estava frio no carro, o aquecedor parecia não funcionar. De repente, pararam em frente a um prédio cinza, um homem com a gola do casaco levantada e um gorro de lã puxado sobre a testa entrou no carro e sentou-se ao seu lado.

Nenhum dos russos no carro se cumprimentou, nem o homem disse palavra alguma, apenas olhava para frente. Seguiram viagem. Talvez o homem também precisasse ir ao aeroporto.

Sonolento, viu a cidade de São Petersburgo amanhecendo através da janela do carro, um nevoeiro cinza cobria a cidade, uma leve garoa invadia as ruas. Acabaram de passar a placa indicativa do aeroporto, a seta apontava para a esquerda. Eles seguiram em frente. Sascha deve saber como se chega ao aeroporto; afinal, é a sua cidade, pensou, e os seus pensamentos voaram até Viena.

Epílogo

A intérprete da agência da Interpol do instituto de criminalística olhou para o relógio. Mais meia hora, e o seu expediente se encerraria. O dia fora tranqüilo, alguns comunicados de delegacias de polícia internacionais sobre pessoas desaparecidas, nada de incomum, como sempre aos domingos.

Ainda tinha uma notícia sobre a mesa, chegada havia pouco da Interpol Moscou. A foto mostrava o rosto já bastante inchado de um defunto do sexo masculino, uma visão horrorosa com a qual não conseguia se acostumar, apesar de já ter visto muitas imagens como essa em sua repartição. O texto foi fácil de traduzir.

São Petersburgo. No dia 10/12, em torno das 7h, um passante encontrou o corpo de um homem que havia ficado preso a um pilar de uma ponte no rio Neva. Estava totalmente vestido e apresentava duas marcas de tiro na parte de trás da cabeça, as mãos estavam amarradas com uma tira de plástico. Pelo seu estado, o corpo já devia estar na água há vários dias.

Descrição.   Idade estimada. 50-60 anos
Altura. 1,83 m
Tipo físico. Pícnico
Peso. Aproximadamente 90 kg
Cor do cabelo. Castanho-escuro
Cor dos olhos. Marrom-esverdeado

O morto calçava sapatos marrons da marca Lobner tamanho 44, uma calça de algodão preta, uma camisa azul clara, roupa de baixo branca e um casaco cinza. Do lado de dentro havia uma etiqueta com a seguinte inscrição: "Mode Hoffner, Munique." No casaco havia uma passagem para Viena para o dia 9/12. Devido à umidade, o nome do passageiro estava ilegível. Atualmente, não há indício algum sobre a identidade da vítima ou os motivos do crime. Onde uma pessoa com esta descrição está desaparecida? Para a Interpol Alemanha, a pessoa provavelmente é da região de Munique. Solicitamos respectivas investigações.

TÍTULOS DA COLEÇÃO NEGRA:

Los Angeles – cidade proibida, de James Ellroy
Bandidos, de Elmore Leonard
Procura-se uma vítima, de Ross Macdonald
Perversão na cidade do jazz, de James Lee Burke
Marcas de nascença, de Sarah Dunant
Noturnos de Hollywood, de James Ellroy
Viúvas, de Ed McBain
Modelo para morrer, de Flávio Moreira da Costa
Violetas de março, de Philip Kerr
O homem sob a terra, de Ross Macdonald
Essa maldita farinha, de Rubens Figueiredo
A forma da água, de Andrea Camilleri
O colecionador de ossos, de Jeffery Deaver
A região submersa, de Tabajara Ruas
O cão de terracota, de Andrea Camilleri
Dália negra, de James Ellroy
Rios vermelhos, de Jean-Christophe Grangé
Beijo, de Ed McBain
O executante, de Rubem Mauro Machado
Sob minha pele, de Sarah Dunant
Jazz branco, de James Ellroy
A maneira negra, de Rafael Cardoso
O ladrão de merendas, de Andrea Camilleri
Cidade corrompida, de Ross Macdonald
Assassino branco, de Philip Kerr
A sombra materna, de Melodie Johnson Howe
A voz do violino, de Andrea Camilleri
As pérolas peregrinas, de Manuel de Lope
A cadeira vazia, de Jeffery Deaver
Os vinhedos de Salomão, de Jonathan Latimer
Uma morte em vermelho, de Walter Mosley
O grande deserto, de James Ellroy
Réquiem alemão, de Philip Kerr
Cadillac K.K.K., de James Lee Burke
Metrópole do medo, de Ed McBain
Um mês com Montalbano, de Andrea Camilleri
A lágrima do diabo, de Jeffery Deaver
Sempre em desvantagem, de Walter Mosley
O coração da floresta, de James Lee Burke
Dois assassinatos em minha vida dupla, de Josef Skvorecky
O vôo das cegonhas, de Jean-Christophe Grangé
6 mil em espécie, de James Ellroy
O vôo dos anjos, de Michael Connelly
Uma pequena morte em Lisboa, de Robert Wilson
Caos total, de Jean-Claude Izzo

Excursão a Tíndari, de Andrea Camilleri
Mistério à americana, organização e prefácio de Donald E. Westlake
Nossa Senhora da Solidão, de Marcela Serrano
Ferrovia do crepúsculo, de James Lee Burke
Sangue na lua, de James Ellroy
A última dança, de Ed McBain
Mistério à americana 2, organização de Lawrence Block
Mais escuro que a noite, de Michael Connelly
Uma volta com o cachorro, de Walter Mosley
O cheiro da noite, de Andrea Camilleri
Tela escura, de Davide Ferrario
Por causa da noite, de James Ellroy
Grana, grana, grana, de Ed McBain
Na companhia de estranhos, de Robert Wilson
Réquiem em Los Angeles, de Robert Crais
O macaco de pedra, de Jeffery Deaver
Alvo virtual, de Denise Danks
O morro do suicídio, de James Ellroy
Sempre caro, de Marcello Fois
Refém, de Robert Crais
O outro mundo, de Marcello Fois
Cidade dos ossos, de Michael Connelly
Mundos sujos, de José Latour
Dissolução, de C. J. Sansom
Chamada perdida, de Michael Connelly
Guinada na vida, de Andrea Camilleri
Sangue do céu, de Marcello Fois
Perto de casa, de Peter Robinson
Luz perdida, de Michael Connelly
Duplo homicídio, de Faye e Jonathan Kellerman
Espinheiro, de Ross Thomas
Correntezas da maldade, de Michael Connelly
Brincando com fogo, de Peter Robinson
Fogo negro, de C. J. Sansom
A lei do cão, de Don Winslow
Mulheres perigosas, organização de Otto Penzler
Camaradas em Miami, de José Latour
O livro do assassino, de Jonathan Kellerman
Morte proibida, de Michael Connelly
A lua de papel, de Andrea Camilleri
Anjos de pedra, de Stuart Archen Cohen
Caso estranho, de Peter Robinson
Um coração frio, de Jonathan Kellerman
O Poeta, de Michael Connelly
A fêmea da espécie, de Joyce Carol Oates
A Cidade dos Vidros, de Arnaldur Indridason
A 37ª hora, de Jodi Compton

Este livro foi composto na
tipologia Goudy, em corpo 11/14, e
impresso em papel off-white 80g/m²,
no Sistema Cameron da Divisão Gráfica
da Distribuidora Record.